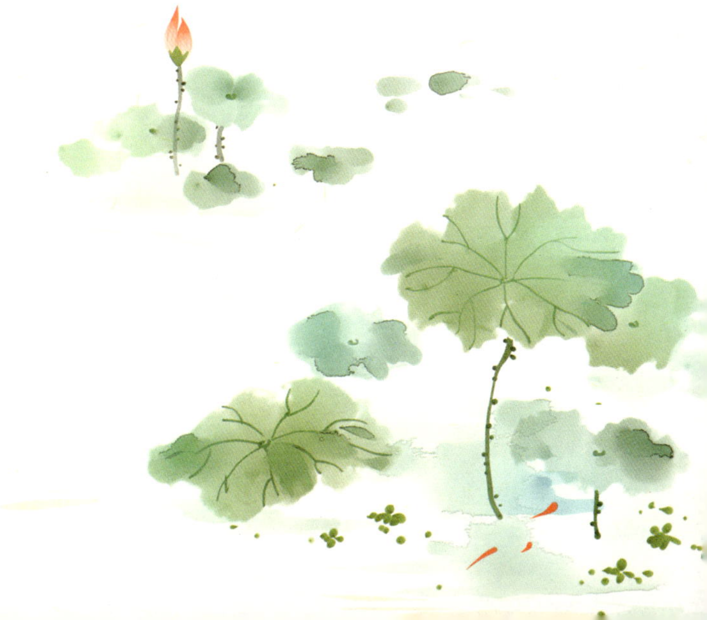

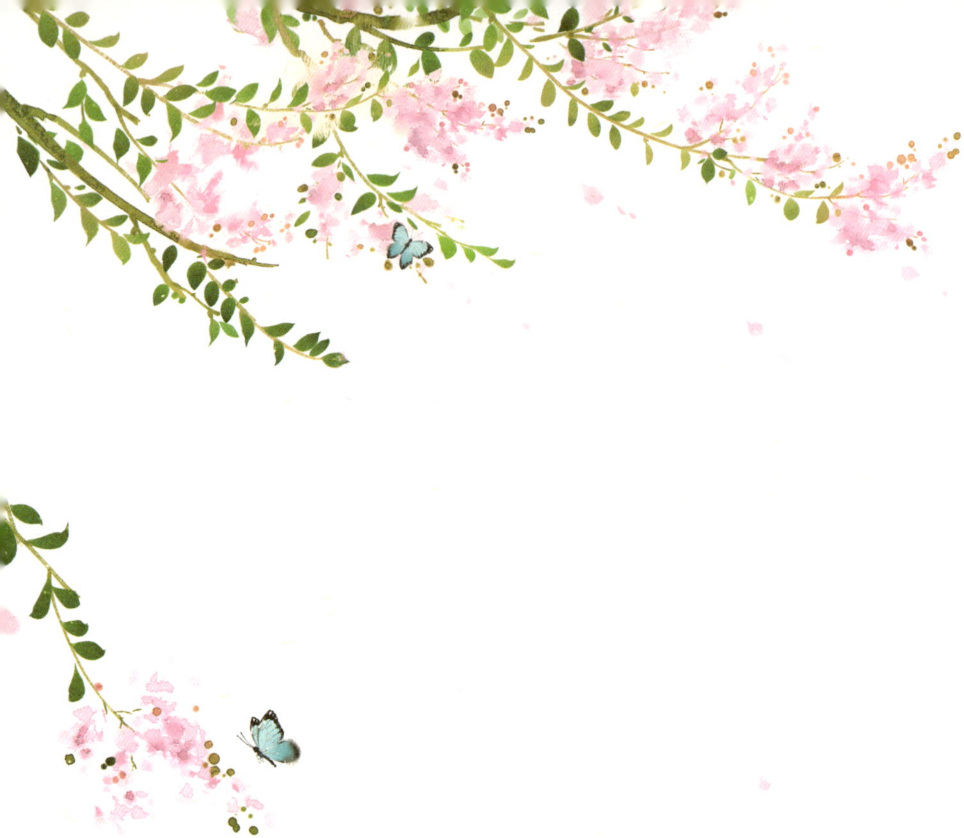

你是一树一树的花开,是燕 在梁间呢喃,——你是爱,是暖,是希望,你是人间的四月天!

——林徽因

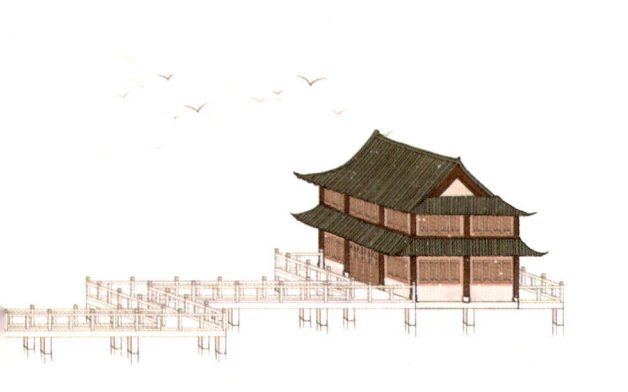

林徽因诗传
你是人间四月天

初晴 编著

四川人民出版社

图书在版编目（CIP）数据

林徽因诗传：你是人间四月天 / 初晴编著. -- 成都：四川人民出版社，2018.6（2019.5 重印）
ISBN 978-7-220-10724-5

Ⅰ.①林… Ⅱ.①初… Ⅲ.①林徽因（1904-1955）—传记 Ⅳ.①K826.16

中国版本图书馆 CIP 数据核字 (2018) 第 052288 号

林徽因诗传：你是人间四月天
初晴 编著

责任编辑	李淑云　熊韵
装帧设计	蒋碧君
责任印制	祝　健
出版发行	四川人民出版社（成都市槐树街2号）
网　　址	http://www.scpph.com
E-mail	scrmcbs@sina.com
新浪微博	@四川人民出版社
微信公众号	四川人民出版社
发行部业务电话	（028）86259624 86259453
防盗版举报电话	（028）86259624
照　　排	壹嘉创书
印　　刷	艺堂印刷（天津）有限公司
成品尺寸	150mm×210mm
印　　张	19
字　　数	210千字
版　　次	2018年6月第1版
印　　次	2019年5月第3次印刷
书　　号	ISBN 978-7-220-10724-5
定　　价	49.00元

■版权所有·侵权必究

本书若出现印装质量问题，请与我社发行部联系调换
电话：（028）86259453

前言

民国的烽火连天从来没有淹没那个时代的传奇，相反，一颗颗绚烂的珍珠却在烽火的笼罩下更加夺目。那个时代有无数的传奇女子，有多少是因为她身边的男人而闪耀了光环，可林徽因却是个例外。

那是一场江南的雨后吧，那人间的天堂——杭州城洋溢着水汽氤氲的美，灵隐寺的佛光隐隐，西湖的碧波悠悠，一起为这个新生命送上了最唯美的祝福。谁也不会想到，这个出身于诗书礼家，容貌秀美的女子会成为民国时代的传奇，她的美点亮了那个时代。甚至年华老去，伊人不在，后人依然为她感喟不已。

她就是林徽因。如果说张爱玲是民国时代的临水照花人，那么林徽因就是民国的一株花，有着桃花灼灼，宜室宜家的绚烂温和，有着莲花亭亭，无忧无惧的风华绝代。她至情至性，为一场爱情飞蛾扑火；她冷静睿智，在一场婚姻里恩爱不疑。她的传说至今仍在流传。

"一生至少该有一次，为了某个人而忘了自己，不求有结果，不求同行，不求曾经拥有，甚至不求你爱我。只求在我最美的年华遇见你。"林徽因就是这样一个人，值得每一个爱上她的人，为了她，忘却自己。

正如她在自己诗中所写，"你是一树一树的花开，是人间四月天，是那千山万原的春来"。她打江南走来，那等在季节里的容颜为她盛开，江南的烟雨雕琢了她晶莹的美好。她走过上海的旧时光，在这个光怪陆离的城市里，她静默地成长为精灵般的少女。腹有诗书气自华，走进京华烟云中，她手捧书卷，一笔一画地写下青春的绚烂。

那年的康桥美成了什么样子呢？我们无从得知，我们只能从徐志摩的只言片语中想象，那康河的柔波，让人甘愿做一株水草。我们不知道醉了他的，是康桥的柔波，还是这女子的笑容。我们只知道，徐志摩将最好的诗歌写给了她，将最好的自己展现给了她，甚至为了赶赴她的一场演讲，付出了生命的代价。

一场情事，如烟花绚烂，都曾有过飞蛾扑火的决绝。徐志摩是一个诗人，所以他信奉爱情至上；林徽因却是一个学者，所以她能静静思考。他们的错过偶然也必然，但总归值得。

"蓦然回首，那人却在灯火阑珊处"。当初恋失败的林徽因认识到浪漫的徐志摩只是生命的过客，她穿起青衫，想起自己最爱的建筑事业，走向了守候自己许久的那个归人——梁思成。一生只问一次，为什么是我？林徽因温柔的笑靥里，说，这个答案很长，需要我一生来回答，你准备好听了吗？

是的，用一生来回答。林徽因用她的一生诠释了婚姻的真谛。赌书消得泼茶香，两个人的岁月，点滴的美好，只有彼此最懂得。你画下图纸，我为你批注灵动的文字。你说出创意，我为你绘出心中的样子。这样安静温暖的光阴才是林徽因最该拥有的时光。

陪伴是最长情的告白，我可以写出最动人的诗歌，说出最唯美的情话，可是为你，我愿意用一生诉说我对你的深情。只要两个人相伴，哪里都可以是家。哪怕战火纷飞，哪怕颠沛流离，哪怕明天我就要离去，可是只要你在我身边，我就能温柔恬淡地笑，愿意为你抚平紧皱的眉头，陪你保护古建筑，陪你在事业中寻找属于我和你的坐标。

一生一世一双人是每个人的期盼，可是总会有这样一个人，情深缘浅，来得太迟。他是金岳霖，学界的泰斗。太太的客厅里，他和林徽因相见恨晚，他想要给这个走进他心里的女子最好的承诺。两人都是光明磊落之人，当林徽因向梁思成坦承一切，这个同样磊落的男子也选择了成全，两人退回到了好朋友的位置。

金岳霖用一生的等待与守望抒写了他和林徽因之间的"人与人关系臻于最美最崇高的境界"。林徽因离去多年以后，许多人都开始遗忘了，可是年老的金岳霖，却仍记得。那天是林徽因的生日，他为她大宴亲朋。他曾为她写下"一身诗意千寻瀑，万古人间四月天"的挽联。因为懂得，所以慈悲，他们的故事从开始就注定了结局，可是他们却用深情成就了一段不一样的倾城往事。

林徽因已经故去，可是她的故事却一直在流传。读她的诗，品她的文，回味她的故事，伴着她走完这别样的人生。仿佛陪她一起欢笑，与她一起痛哭，伴着她看那一树一树的花开，共同记住最美的人间四月天。

此刻，请你也倒上一盏茶，燃起一缕香，捧起这本书，与我一起，走进林徽因的字里行间，走进她的故事，在这段传奇里，找寻那逝去的光阴。

时光不会老去，文字也不会，在我们所拥有的最美好的年华里，一起走近林徽因，遇见她，也遇见最好的自己。

• 1916年，北京培华女子中学时的林徽因（右一）与表姐妹们的合影。

• 1928年3月21日，林徽因与梁思成在加拿大渥太华梁思成姐夫任总领事的中国总领馆举行了婚礼，林徽因身穿自己设计的东方式礼服。

• 1920年，林徽因与父亲林长民。

- 1929年,林徽因与女儿梁再冰。

- 1930年,林徽因与母亲、梁思成和女儿梁再冰。

• 林徽因

• 林徽因与梁思成

• 1930年代，北京总布胡同3号，林徽因与女儿梁再冰、儿子梁从诫。

第三章／恩爱两不疑

114・相逢如初见
122・一生只问这一次
131・爱上两个人
139・大抵心安便是家
152・屋漏偏逢连夜雨
160・如果我离去

第四章／悲喜话此生

170・与建筑结缘
179・第二个父亲
187・一生的挚友
196・白山黑水间
206・太太的客厅
214・今日泪流泉

目录

第一章／能不忆江南

- 002 · 诗画笑江南
- 009 · 有女初长成
- 015 · 知女莫若父
- 024 · 沪上旧光阴
- 036 · 京华烟云处
- 043 · 千山万水外

第二章／那场康桥梦

- 052 · 你是人间四月天
- 062 · 爱是天时地利的迷信
- 070 · 得之，我幸；失之，我命
- 080 · 转身即天涯
- 087 · 物是人非事事休
- 095 · 只要你过得好，就好
- 102 · 世上再也没有一个你

第五章／何处是归处

226 · 至少北平都记得
235 · 风雨来相摧
244 · 国徽中的璀璨
255 · 留住这惊世的景泰蓝
265 · 终离你而去
271 · 可我还记得

林徽因生平年表

第一章

能不忆江南

你是人间
四月天

诗画笑江南

艳丽如同露珠，朵朵的笑向贝齿的闪光里躲。那是笑——神的笑，美的笑；水的映影，风的轻歌。

　　江南，轻轻念出这两个字之后，心头便笼罩了氤氲的潮湿。"水是眼波横，山是眉峰聚"，而江南，就隐在那眉眼盈盈处。

　　江南仿佛永远都是人间四月，美好得让人忘却了世间的烦忧。这样的江南有着无数的传奇，那些诗意的传奇从来没有因为世事流转而被人遗忘。相反地，在江南的柔情里，那些故事也沾染了更多的烟雨，迷蒙中，让人反复回味，一直牢记。正如，出生在杭州的林徽因，她的美丽跨越民国的烽火，直到如今，仍然被人铭记着、传颂着。

　　每个人的出生都是需要际遇的，正如祖籍福建的林徽因出生在了杭州城。西湖微雨，灵隐寺泛着隐隐的佛光，仿佛要为这个即将出生的孩子送去杭州城最唯美的祝福。杭州城知道，充满传奇的自己将多出一份极致的美丽，让自己原本的韵味更加悠然。

　　1904年6月10日，这一天的杭州城一如往日般炎热，陆官巷里飘起了微微细雨，洗去了这炎炎夏日的浮躁。林府中传来一阵又一阵撕心裂肺的呼喊，这个世代簪缨的书香之家，即将诞生一个新的生命。

这个家庭就是林府——太守林孝恂之家，此刻他们焦急等待的，是长子林长民的第一个孩子。这时的林长民并不在家，虽然出身于诗书之家，但是山河的动荡，让他想要通过自己的努力来改变这个时代，来推动这个时代的变革。所以此刻的他正忙于为自己的政治理想奋斗，与志同道合的仁人志士一起为自己的主张而奔走努力。他的心中，先有国，后有家。甚至忽视了，此刻即将出生的，自己的孩子。

这个孩子并不知道自己父亲的忙碌，随着一声响亮的啼哭，她来到了这个陌生的世界。那一年的林长民已经二十八岁，在那个时代，是早应该儿女成群的年纪。而忙碌的林长民却只有这一个女儿，因此在那个男尊女卑的年代，林徽因的到来仍然给林府带来了无尽的欢喜。

林府的长女，自然要有一个不俗的名字才能匹配，兴奋的林老太爷思忖再三，摸着自己长长的胡须，笑道："我林家的女儿当端庄贤良，《诗经》里'大姒嗣徽音，则百斯男'，是褒扬女子贤德的，加之我家孙女声如徽音，这个名字，再适合不过了！"

林老太爷笑声朗朗，看着这个出生便眉目清秀的女孩，含饴弄孙的他说不出的满足。这样喜庆的日子里，大家纷纷恭维这位早年的进士爷，赞叹他饱读诗书，连孙女的名字都这般诗意盎然，寓意深远。

于是，这个小女孩有了自己的名字——林徽音。徽音改为徽因已经是二十多年后的事了，那时候这个襁褓中的女孩已经长大成人，她没有辜负祖父为自己取的名字——她诗意盎然，常有佳句天成，常有诗作见报。那时有一位诗笔卓然的男子也叫林徽音。报纸杂志甚至常常将二人弄混，于是年少傲然的林徽音为自己改了名字——林徽因。

她笑着说："我倒不是怕别人将我的作品当成了他的，我只是怕别人把他的作品当作了我的。"她是那样的骄傲，年少轻狂的她张扬着属于自己的独特。她不愿拾人牙慧，不愿做人替代，只愿做独一无二的自己。

这个襁褓中的小女孩渐渐长大，她面容清秀，她的风姿卓约，如午后的阳光般洒满了整个林府。我想这个女孩是爽朗爱笑的，虽然她出生在含蓄悠远的杭州城，但是她仍有着明媚动人的笑容，正如她后来在自己诗歌中写到的：

笑

笑的是她的眼睛，口唇，

和唇边浑圆的漩涡。

艳丽如同露珠，

朵朵的笑向

贝齿的闪光里躲。

那是笑——神的笑，美的笑；

水的映影，风的轻歌。

笑的是她惺忪的鬈发，

散乱的挨着她的耳朵。

轻软如同花影，

> 痒痒的甜蜜
>
> 涌进了你的心窝。
>
> 那是笑——诗的笑，画的笑；
>
> 云的留痕，浪的柔波。

透过林徽因的诗，我们仿佛看见了一个笑语妍妍的女孩，她蓬松着秀发，嘴角微扬，一缕晨光散射，光影打在她稚嫩的面庞上，毫无浓妆艳抹，却似娇艳欲滴。"那是神的笑，美的笑；水的映影，风的轻歌。"这样的笑容明艳纯洁不夹杂一丝一毫的杂质，如同精灵，如同杭州西湖的柔波，如同千岛湖拂过的一缕微风。襁褓中的林徽因还什么都不会，只会哭完笑着，惺忪的鬓发，明亮的眼睛，让身边的人感染了她痒痒的甜蜜。

这样的笑是诗的笑，是画的笑，如同温柔的云朵，如同荡着柔波的浪花。透过这样的笑容，我们感受到的是少女时代的林徽因，明媚而阳光的笑靥，这样的笑容由来已久，或许从襁褓开始。

如诗如画的江南孕育了能诗能画的林徽因，她那如诗如画的笑容为烟雨朦胧的江南增添了些许躁动着的美好，给那时候的林府带来了无数的欢愉和甜蜜。当然，谁也不会想到，这样一个柔嫩、灵动的女子会长成日后那夺目璀璨的明珠。

襁褓中，小徽因用狡黠的眼睛调皮地望着身边满怀期待的母亲，看着自己欣喜的父亲，看着满怀爱怜的祖父母，看着满屋子欣喜万分的人，发出自己懵懂的咿呀声。像每个孩子一样，她并不知道等待自己的

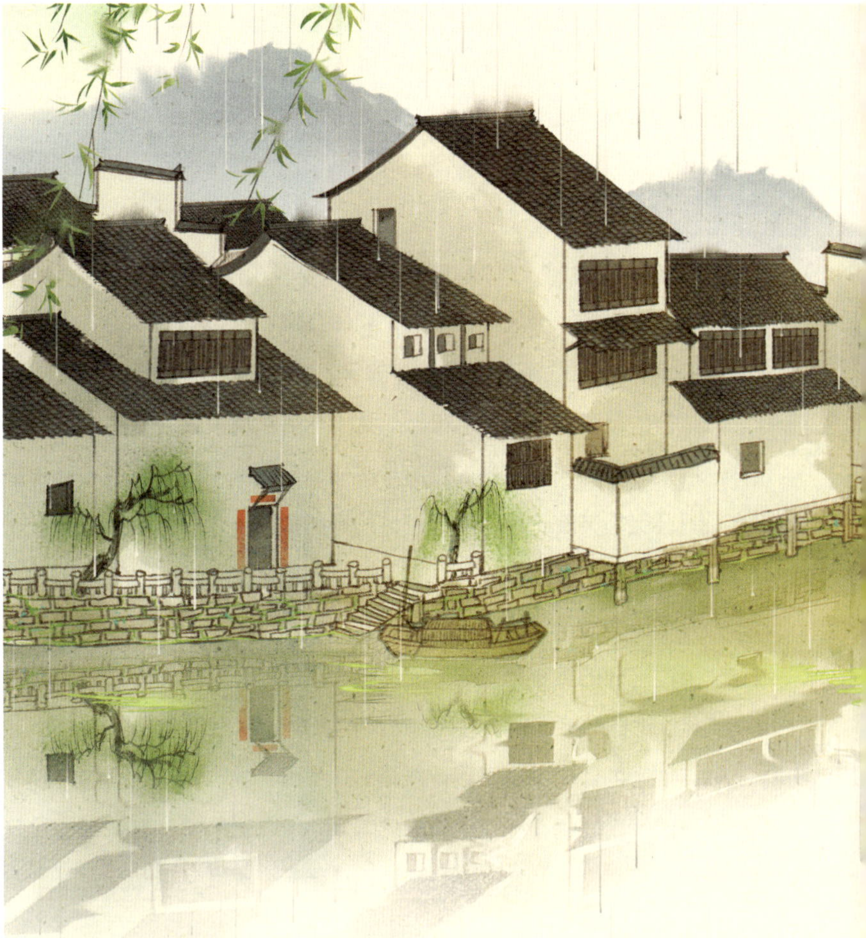

❀ 诗画笑江南,林徽因用她的诗情、她的卓然美丽,为江南平添了一抹动人的色彩。

未来是什么。林徽因家世显赫，祖父林孝恂历任浙江海宁、石门等各州县长官。他为官忠正、深受爱戴；他思想开明，为国为民；甚至曾经慷慨解囊，资助旅日青年学子参加孙中山先生领导的革命运动。而林徽因的父亲林长民更是一位革命者，他毕业于日本早稻田大学，在政治革命运动和教育事业上都曾做出了突出的贡献。而她的叔叔则是那个写下《与妻书》，从容赴死的黄花岗七十二烈士之一的林觉民。林家人才辈出，孜孜向学，志在涤荡整个陈旧的时代。出生于这样的家庭，万千宠爱中长大的林徽因注定青出于蓝，风华绝代。

诗画笑江南，林徽因用诗、用画、用笑，用满腹才华、用建筑成就、用卓然美丽为江南添了一抹动人的色彩。时光不会老去，江南也不会，江南会牢记这个出生于此的，灵动的、才华横溢的女子。

有女初长成

是谁笑得那样甜,那样深,那样圆转?一串一串明珠大小闪着光亮,迸出天真!

在江南的老宅里,林徽因慢慢长大,开始蹒跚学步,开始咿呀学语,开始长成一个安静乖巧的女孩。作为长女,林徽因获得了来自祖父母的宠溺和父亲的疼爱,但是,逐渐长大的林徽因也开始有了自己的烦恼,谁都不曾想到,这烦恼竟是来自她的母亲。

林徽因的母亲叫何雪媛,很多人都疑惑,为什么林长民到二十八岁才有第一个女儿。他忙于事业是一回事,还有一个原因就是,他的夫人何雪媛是他的第二位夫人。他的第一任妻子姓叶,与他门当户对,指腹为婚。婚后,由于林长民忙于事业,二人的感情并不是特别深厚。加上叶氏自小体弱多病,还来不及留下一儿半女便早早撒手人寰。

于是林家为林长民娶了何雪媛,虽然是续弦,但由于叶氏并没有留下一儿半女,所以何雪媛和原配的地位是相当的。但毕竟是续弦,林府并没有选择门当户对的女子,而是选择了小作坊出身的何雪媛。

何雪媛出身于普通的商旅之家,是典型的小家碧玉,她大字不识,更不用说精通诗文了。林长民却举止优雅、知文识墨。这样巨大的差异,让他们的婚姻生活出现了许多问题,何雪媛甚至不理解整个林家的做派——一家子坐在一起谈诗论词、针砭时弊、慷慨激昂,每当这时,她就像是一个外人,一个永远融入不了这个家庭的外人。

林徽因的祖母——何雪媛的婆婆游氏却与她截然相反。她出身高贵,举止优雅。加上多年来,她与丈夫一起经历人生起伏,从来没有放弃提升自身的修养,所以赢得了全家人的尊重和敬仰,包括林长民和小小的林徽因。

何雪媛的小作坊做派,加上她暴躁的脾气,注定将林长民越推越远。于是,她把注意力转移到自己聪明懂事的女儿身上。慢慢地,她发现,自己生出的女儿在林家家庭氛围的熏陶下,举止同样优雅从容。从林徽因被祖父母接去读书识字开始,何雪媛甚至觉得女儿也离自己越来越远,她开始患得患失,无尽地抱怨。但这样的抱怨非但没有换回丈夫和女儿,反而让他们距离自己更远。

哪有孩子不爱自己的母亲?不深深渴望着母爱?然而,何雪媛与林徽因这对母女,她们深爱着彼此,但是却从来不知道该如何好好相处。林徽因好友金岳霖在给他们共同的好友费正清的信中曾经提到:

"她属于完全不同的一代人,却又生活在一个比较现代的家庭中,她在这个家的主意很多,也有些能量,可是完全没有正经事可做,她做的只是偶尔落到她手中的事。她自己因为非常非常寂寞,迫切需要与人交谈,唯一能够与之交流的就是徽音,但徽音由于全然不了解她的一般观念和感受,几乎不能和她交流。其结果就是她和自己的儿女除了争吵之外,别无接触。她们彼此相爱,却又彼此不喜欢。"

这样的母亲使得林徽因的童年并不快乐,也促使她比同龄人更加的早熟。她希望自己的乖巧懂事能够获得更多的关爱,也喜欢这份关爱能够惠及她的母亲。可是无论她怎么努力,她的母亲依然无法融入这个家庭。那时候的林徽因还没有意识到,她和自己的母亲,注定无法成为一类人,她们的争吵甚至延续了林徽因的一生。几十年后,已为人妻母的林徽因仍然在和母亲争吵,她在给好友费慰梅写的信中也提到了自己的母亲:

"我自己的母亲碰巧是一个极其无能又爱管闲事的女人,而且她还是全天下最没有耐性的人。刚才这又是为了女佣人……我经常和妈妈争吵,但这完全是傻冒和自讨苦吃。"

母爱都是伟大的,谁都无法否认,何雪媛深爱着自己的女儿林徽因,可是这种自以为是的爱太沉重,让林徽因的童年乃至一生都蒙上了一层阴影。母亲是林徽因心中的隐痛,她不得不用自己幼小的身躯为自己和母亲撑起一片明媚,尽管母亲并不领情。

在这样的家庭环境中,聪慧早熟的林徽因慢慢迸发出卓然的光彩,犹如一颗光亮的珍珠,就像她后来的诗作——《深笑》:

深笑

是谁笑得那样甜,那样深,
那样圆转?一串一串明珠
大小闪着光亮,迸出天真!
清泉底浮动,泛流到水面上,
灿烂,
分散!

是谁笑得好花儿开了一朵?
那样轻盈,不惊起谁。
细香无意中,随着风过,
拂在短墙,丝丝在斜阳前
挂着
留恋。

是谁笑成这百层塔高耸,
让不知名鸟雀来盘旋?是谁
笑成这万千个风铃的转动,
从每一层琉璃的檐边
摇上
云天?

作为天之骄女的林徽因自然有这样光亮灿烂的笑容，出身于这样的家庭，她接受的是时代最前沿的教育，家人们良好的素养会通过言传身教带给幼小的林徽因宝贵的精神财富。她深笑凝眸，这灿烂的笑容，这开阔的心境，仿佛种植在心田的最深处，在不经意间便会散放最初的光芒。

小时候的林徽因还不懂得叹息，不懂得世间有快乐亦有哀愁，她只是笑着慢慢长大。她不吝惜用自己灿烂的笑容，去感染她身边每一个爱着她的人。她是一颗珍珠，从蚌壳中，从童年时候就开始显现出自己的绚烂与晶莹。长大后望着自己的孩子们，她的心是柔软的，化作了一池春水般，愿将世间最好的祝福寄予他们。当然，她也会回忆起自己的年少时光，她希望自己的孩子能如自己一样做一粒晶莹的珍珠，努力追寻梦想，并长成自己期待的模样。

在这个独特的家庭中，林徽因慢慢长大，在父亲的殷切希望里，在家人的思想洗礼下，她落落大方，聪明懂事。但是由于母亲的影响，她多愁善感，以至于以后的她都有着不符合年龄的成熟。早慧的林徽因，就这样长大，并成为家中一株乖巧的解语花。

🌸 她灿烂的笑容,仿佛种植在心灵深处,不经意间便会散放最初的光芒。

知女莫若父

> 在一穹匀静的澄蓝里，书写我的惊讶与欢欣，献出我最热的一滴眼泪，我的信仰，至诚，和爱的力量……

对于父亲，林徽因是敬爱的，也是怨恨的，这种复杂的情感让幼年的林徽因很苦恼。父亲爱她，称她为"天才女儿"，给予她作为父亲最甜蜜的宠溺，可是他却吝于将这份宠溺分出一星半点来给她的母亲。

作为父亲，林长民十分喜爱林徽因，她是他的骄傲，是这个家庭中为数不多的可以和他精神交流的人。林长民带给林徽因的，不仅仅是作为父亲而给予女儿的支持与爱，还有外面那个更加广阔的世界。而作为女儿，林徽因带给父亲的是一份来自心底的慰藉。

1909年，林徽因一家迁至蔡官巷的一处老宅居住。与此同时，五岁的林徽因走进了诗书之中，她的姑母林泽民成了她的启蒙老师。作为一位大家闺秀，林泽民知书达理、精通琴棋书画，她为小小的林徽因开启了另一个不同的世界。在林泽民的谆谆教诲下，林徽因爱上了读书，在书香弥漫的世界里，她仿佛找到了另一个自己。

林长民在家的时间并不是很多，即便偶尔在家，他也有很多事情要去忙碌，能留给自己女儿的时间更是少之又少。不过，五岁开始识文断字的林徽因却找到了另一个可以和父亲交流的渠道——写信。林家保存了一部分林长民给女儿的回信，我们可以看到的，最早的一封，写于林徽因七岁时：

徽儿：

　　知悉得汝两信，我心甚喜。儿读书进益，又驯良，知道理，我尤爱汝。闻娘娘往嘉兴，现已归否？趾趾闻甚可爱，尚有闹癖（脾）气否？望告我。祖父日来可安否？汝要好好讨老人欢喜。兹寄甜真酥糕一筒赏汝。我本不期做长书，汝可禀告祖父母，我都安好。

父长民三月廿日

　　从这样的一封信中，我们可以看出，林长民对这个长女的喜爱，他赞赏她爱读书、驯良、知道理。加上自己常年在外，在家中承欢膝下，讨老人欢喜的任务也交给了这个知书达理的长女。虽然那时候的林徽因只有七岁，但是从这封信中，我们可以看出，林长民不仅将她当作一个小女孩宠爱着，远远地寄去一盒点心，还将这个女儿当作了自己在家中的一个朋友。林徽因在家中为老人带去了欢乐，这也是林长民与林徽因共同的孝心，女儿是林长民忙碌世界里温柔的牵挂。

　　这样美好的光阴里，林徽因一边和姑母林泽民读书识字，一边享受着与祖父母相处的快乐。父亲虽然不在身边，可他对女儿的关心却从未减少。小时候的林徽因享受着父爱，她对父亲充满了尊敬与崇拜。可是，慢慢长大的她开始理解父亲的寂寞，也开始怨恨父亲的无情。林徽因的儿子梁从诫曾经这样评价过自己的母亲和外祖父母：

"她爱父亲，却恨他对自己母亲的无情；她爱自己的母亲，却又恨她不争气；她以长姐真挚的感情，爱着几个异母的弟妹，然而，那个半封建的家庭中扭曲了的人际关系却在精神上深深地伤害过她。"

正如林徽因与父亲林长民之间的父女情深，相互慰藉一样，林徽因何其幸运地有着一个理解自己的儿子。他一语中的道出了母亲多年来的心结，他理解母亲聪慧早熟的童年里那难以言说的痛。

提到林徽因长姐的身份，就不得不提到林长民的二太太程桂林。在林徽因九岁那年，林长民娶了她。最后一个知道真相的人是何雪媛，但是她什么也没有说，因为她早已预料到会有这样一天的到来。当然，林徽因也什么都不能说，作为女儿，她深知父母之间的芥蒂，却无能为力。

很多人都以为经历了何雪媛之后，林长民会娶一位在精神上与之匹配的女子。可是令人惊讶的是，程桂林同样目不识丁。不仅如此，她还不够年轻、不够漂亮。然而，就是这样一个女人，却轻而易举地赢得了林长民的心。

那是一个妻妾分明的时代，可是林长民却好像故意遗忘了何雪媛一般，他外出带着程桂林，甚至还为她取了一个名号——桂林一支室主。

很多人不明白，为什么同样姿色平平，同样目不识丁，程桂林就可以获得丈夫的宠爱呢？其实，答案并不复杂，最好的爱情就是"我崇拜着你,你宠爱着我"。林长民和程桂林之间,就是这样的爱情。家是温馨的港湾,妻子的温柔是这港湾中最好的期待。程桂林不漂亮,可是她聪明,她知道自己的男人需要什么,也知道自己需要什么。所以她懂得示弱,懂得向林长民撒娇,懂得有分寸地给林长民留足面子。这样的女人是善解人意的,是男人都会青睐的。遗憾的是,何雪媛耗尽一生都没有学会这样的夫妇之道。

看到程桂林如此的受宠,何雪媛开始坐立不安,可是她无可奈何,除了抱怨和发脾气,她找不到更好的办法。这时候的程桂林在林长民的宠爱下,生下了三儿一女。拥有这样一位温柔的、知进退的女人,林长民对于何雪媛原本就寡淡的情谊,最后就只剩下对林徽因的宠爱了。

无论怎样,自始至终,对于父亲,林徽因都是深深爱着的,父亲也是用深沉的爱关怀着林徽因。父母对林徽因一生的际遇都产生了深远影响。在林徽因的字里行间,我们总能看到她父亲的痕迹,也可以看到她母亲的影子。

后来,林徽因写过一篇小说,名为《绣绣》。故事中的女孩绣绣同样乖巧懂事,可不幸的是,她生活在一个没有爱的家庭里。母亲心胸狭隘,自私懦弱,脾气暴躁,总是不经意间将父亲推得更远。父亲冷落母亲,娶了二房,母亲的脾气变得更加暴躁。无奈的绣绣整日生活在父母的争吵中,惶惶不可终日,最终去世了。

在这篇小说中,我们仿佛看到了温柔乖巧的林徽因心中所隐藏的无奈和惶恐。可是对比那个在惶恐中离去的女孩绣绣,林徽因仍有父亲的关爱,有家人的宠溺,有诗书相伴。所以说,林徽因是幸运的,即使父母感情淡薄，但是父亲却从没因此对她有丝毫的不满与苛责。可是林徽因也是不幸的，幼年的这些经历让她的一生都深受影响。一个年幼的孩子本该天真单纯过着无忧无虑的童年。可是小小的林徽因已经开始在父亲的期许下打理家事，照顾父母和异母的弟弟妹妹。对于这样一个乖巧懂事的女儿，林长民是欣喜的。小小年纪的女儿不仅没有被家里的俗事所累，因为腹有诗书，所以她的一举一动都有着大家闺秀应有的风度。她尽孝于祖父母，孝敬母亲，甚至对二娘和异母的弟弟妹妹都关爱有加。由于祖父母年事已高，弟弟妹妹尚且年幼，何雪媛和程桂林又都不识字，所以与林长民书信来往的重任也交给了林徽因。这样一来，林徽因与父亲亦亲亦友，鸿雁传书，传递着这对父女间的相互关怀与理解。

林长民是时代的激进分子，他是一个举止优雅的文人，可是他的妻妾都是文盲，这对于林长民来说，也是一份遗憾。他满腹才情、经世抱负，却无人唱和，这样的寂寥可想而知。何其幸运，他的女儿是林徽因，这个被诗书浸染的女孩可以与他交流，女儿成为那个半封建家庭中，他唯一的知己。当然，他也给林徽因的一生留下了深远的影响。林徽因有一首诗叫《激昂》，那昂扬广阔的境界，让我们不由得想起了林长民这位慷慨激昂，一心经世救国的父亲：

激昂

我要借这一时的豪放

和从容，灵魂清醒的

在喝一泉甘甜的鲜露，

来挥动思想的利剑,

舞它那一瞥最敏锐的

锋芒,像鲍鲍塞野的雪

在月的寒光下闪映,

喷吐冷激的辉艳;——斩,

斩断这时间的缠绵,

和猥琐网布的纠纷,

剖取一个无暇的透明,

看一次你,纯美,

你的裸露的庄严。

....

然后踩登

任一座高峰,攀牵着白云

和锦样的霞光,跨一条

长虹,瞰临着澎湃的海,

在一穹匀静的澄蓝里,

书写我的惊讶与欢欣,

献出我最热的一滴眼泪,

我的信仰,至诚,和爱的力量,

永远膜拜,

膜拜在你美的面前!

温婉多情的烟雨江南，慷慨激昂的传奇女子。

后世有很多林徽因的照片流传，眉目清秀的江南女子，温婉多情的面庞后却深藏这样深刻的思想。最初的这份对理想的执着，对美的赞叹来源于她生命中最重要的一个男人——她的父亲。她理解父亲平静外表下掩藏着的波涛汹涌的壮志。父亲也理解她，温柔的眉眼下，倔强而真挚的灵魂。这样激昂的情感与思想，这样至真至诚的信仰与爱的力量，最早便来自那个让自己仰望着、膜拜着的父亲。

林徽因的一生虽然幸福美好，但是也经历了无数苦难折磨，可是无论生活给她的是什么，她都能坚守住自己的初心。在那个风雨飘摇的时代里，如果说林徽因是一只风筝，那父亲林长民便是紧握她的线绳，给予她飞翔的方向。后来，林徽因写过一首诗——《风筝》：

风筝

看，那一点美丽

会闪到天空！

几片颜色，

挟住双翅，

心，缀一串红。

飘摇，它高高的去，

逍遥在太阳边

太空里闪

> 一小片脸，
> 但是不，你别错看了
> 错看了它的力量，
> 天地间认得方向！
> 它只是
> 轻的一片，
> 一点子美
> 像是希望，又像是梦；
> 一长根丝牵住
> 天穹，渺茫——
> 高高推着它舞去，
> 白云般飞动，
> 它也猜透了不是自己，
> 它知道，知道是风！

正如林徽因诗中提到的，"这像是希望，又像是梦的风筝，飘摇在天际"。"好风凭借力，送我上青云"，是那温柔的风，给了这风筝飞翔的方向。林长民了解林徽因，他像一阵清风，给了林徽因前进的方向。每个父母都愿意，折下自己的翅膀送给孩子去飞翔，如果林徽因是这只轻盈的风筝，她满载的就是父亲的希望和梦想。

沪上旧光阴

> 离离落落的满院子,不定是神仙走过,仅是迷惘,像梦,窗槛外或者是暗的,或透那么一点灯火。

上海是一个光怪陆离的城市,有着独属于自己的精致与风华。提到上海,就不由得想到民国时代的另一个传奇——张爱玲。这个穿梭在上海的女子,性情凉薄,好似坚硬的冰。

不同于张爱玲的凉薄,生于江南的林徽因,在江南的烟雨中浸染了一身温婉的气质。可是时代的风云变幻,不论哪个角落都不能幸免,江南不例外,上海更不例外。那一年的林徽因八岁,父亲在北洋政府任职,林徽因随家人迁入上海。

上海有着自己独特的气质,这是一个既繁华又冷静的城市,多年来,伴随着时代的沉浮变迁,上海依然故我,像一个穿越在时代中的精灵,不疾不徐地演绎着自己的故事。林徽因来到上海,从江南温润的山水到都市繁华的烟火,这个女子并没有丝毫的突兀,仿佛一片轻盈的涟漪,林徽因变成了上海的一分子。

八岁的林徽因开始入学,带着姑母林泽民给的良好启蒙,她虽然仍稚嫩，却在举手投足间展示了林家的大家风范。在独特的生活环境下，早慧的林徽因比同龄的孩子更加成熟、懂事。这样的女孩子，在家是父母、家人的骄傲，来到学校，自然也是同学、老师的宠儿。关于林徽因在上海的这几年，后世的记录非常少，只是说她随家迁往上海，随父亲居住在上海金益里，就读于位于虹口的上海爱国小学长达四年。

林徽因与上海这座城市仿佛也有着别样的缘分。年少时候，懵懂的她随家人住在上海，在这里读书。多年之后，已经嫁为人妻的林徽因将她和丈夫梁思成工作的营造学社也特别选定在了上海，并且在这里首先发布了他们七年间所研究的古建筑考察成果。林徽因与这座城市的缘分深厚，是属于上海的那些旧日光阴，细细地将林徽因打磨。让这个温婉的江南女子在上海的风华绝代下，愈加卓越。

经年之后，林徽因写下一首诗——《静院》：

静院

你说这院子深深的——
美从不是现成的。
这一掬静，
到了夜，你算，
就需要多少铺张？
月圆了残，叫卖声远了，
隔过老杨柳，一道墙，又转，
初一？凑巧谁又在烧香，……

离离落落的满院子,
不定是神仙走过,
仅是迷惘,像梦,……
窗槛外或者是暗的,
或透那么一点灯火。

这掬静,院子深深的
——有人也叫它做情绪——
情绪,好,你指点看
有不有轻风,轻得那样
没有声响,吹着凉?
黑的屋脊,自己的,人家的,
兽似的背耸着,又像
寂寞在嘶声的喊!
石阶,尽管沉默,你数,
多少层下去,下去,
是不是还得栏杆,斜斜的
双树的影去支撑?

对了,角落里边
还得有人低着头脸。
会忘掉又会记起,——会想,

——那不论——或者是

船去了,一片水,或是

小曲子唱得嘹亮;

或是枝头粉黄一朵,

记不得谁了,又向谁认错!

又是多少年前,——夏夜。

有人说:

"今夜,天,……"(也许是秋夜)

又穿过藤萝,

指着一边,小声的,"你看,

星子真多!"

草上人描着影子;

那样点头,走,

又有人笑,……

静,真的,你可相信

这平铺的一片——

不单是月光,星河,

雪和萤虫也远——

夜,情绪,进展的音乐,

如果慢弹的手指

能轻似蝉翼,

🌸 在和煦的春风中澄净美好，于文字的世界里自由徜徉。

> 你拆开来看，纷纭，
>
> 那玄微的细网
>
> 怎样深沉的拢住天地，
>
> 又怎样交织成
>
> 这细致飘渺的彷徨！

多年之后，林徽因写下这首《静院》，这样别致美好的院落，我们已经无法去追寻，如果可以，我更愿意相信，这处静院坐落于上海，是林徽因记忆里的院落。这样的静院，这样的难得，正如林徽因在上海的这几年，难得的安静惬意，虽然也交织着稚嫩、彷徨，但是这也是林徽因记忆里的宁谧美好。

在上海的这四年里，除了宁静的校园时光之外，林徽因的人生也开始发生着诸多变化。上文中提到，在林徽因九岁时，父亲再娶，接下来的几年里，二娘程桂林接二连三生下几个孩子。由于已经入学，所以在家的时间并不是很多，这期间走进学校，知书达理的林徽因是校园的明星，她熠熠夺目的美丽掩盖了来自家庭的小小黯然。

儿时的际遇会对每个孩子的一生产生深远影响，对于年少时的林徽因，亦是如此。大概那时候的她还太小，所以还没有意识到，校园里活泼开朗的自己和家中乖巧安静的自己交织了她独有的性格。在一张林徽因八岁时候和诸位表妹的合影中，可以发现照片中的她一派长姐风范，完全没有属于这个年龄段女孩的娇憨。我们为这样的林徽因赞叹，这样聪慧懂事的女孩是每个家庭的希望。不过，我们又为这样的林徽因难过，原本无忧无虑的童年，却少了几分应有的自由快乐。

多年之后，林徽因和她的好友费慰梅聊起自己的童年生活，这位挚友听完之后，却只是沉默。她没有像旁人一样称赞林徽因的懂事，只是在后来写下的《梁思成与林徽因》中写道：

"她的早熟可能使家中的亲戚把她当成一个成人而因此骗走了她的童年。"

"因为懂得，所以慈悲。"多年挚友费慰梅自然懂得林徽因，所以她心疼那时候的林徽因，心疼这个因为懂事而缺少了童年的她。

在上海生活的林徽因夹在母亲和二娘之间尴尬处事。七岁时，家中主心骨祖母去世，因而家里的很多琐事都落在了小小的林徽因身上。幸好林徽因已经入学，美好的校园时光让她能够暂时从家中琐事中抽身出来，让她可以像正常孩童一样探索未知的世界，体验未知的人生。

爱好文学的人一生都会有一颗童心，这颗美好的、充满好奇的童心往往自童年而来，这些新奇的灵感往往伴随每个人的一生。小时候的林徽因一定喜欢书信，喜欢墨香浸染的表达方式，小小的她已经可以在文字的世界里自由徜徉。

徽儿：

本日寄一书当已到。我终日在家理医药，亦藉此偷闲也。天下事，玄黄未定，我又何去何从？念汝读书正是及时。蹉跎误了，亦爹爹之过。二娘病好，我当到津一作计。春深风候正暖，庭花丁香开过，牡丹本亦有两三苞向人作态，惜儿未来耳。葛雷武女儿前在六国饭店与汝见后时时念汝，昨归国我饯其父母，对我依依，为汝留，并以相告家事。儿当学理，勿尽作孩子气，千万。

桂室老人 五月五日

这封信写于林家在上海的最后一年，那时的林徽因十二岁。这时候的她已经长成一个少女的模样，退去了眉宇间的懵懂，变得更加懂事。在父亲林长民写给她的信中，除了家中琐事之外，林长民也不忘赞叹春风中的丁香、牡丹，他想把自己当下的心情也女儿分享，并鼓励林徽因不要荒怠学业，他将对女儿的殷切希望通过书信表达了出来。

灵感

是你，是花，是梦，打这儿过，

此刻像风在摇动着我；

告诉日子重叠盘盘的山窝；

清泉潺潺流动转狂放的河；

孤僻林里闲开着鲜妍花，

细香常伴着圆月静天里挂；

且有神仙纷纭的浮出紫烟，

衫裙飘忽映影在山溪前；

给人的理想和理想上

铺香花,叫人心和心合着唱;

直到灵魂舒展成条银河,

长长流在天上一千首歌!

是你,是花,是梦,打这里儿过,

此刻像风,在摇动着我;

告诉日子是这样的不清醒;

当中偏响着想不到的一串铃。

树枝里轻声摇曳;金镶上翠,

低了头的斜阳,又一抹光辉。

难怪阶前人忘掉黄昏,脚下草,

高阁古松,望着天上点骄傲;

留下檀香,木鱼,合掌,

在神龛前,在蒲团上,

楼外又楼外,幻想彩霞却缀成

凤凰栏杆,挂起了塔顶上灯!

这首《灵感》在林徽因生前并没有发表,在她去世多年之后,才被编入《林徽因诗集》。这样轻盈的、如梦一般的、花一样的灵感伴随了林徽因的一生。她的文字空灵而美好,一如她笔下的《人间四月天》,不浓烈、不喧哗,却是岁月静好,是融进灵魂的诗意。所以,后来金岳霖评价林徽因，说她"一身诗意千寻瀑，万古人间四月天。"

那些花、那些人、那些梦、那阵拂过的风，都浸染了林徽因淡淡的诗意，都是林徽因灵感的来源。无论身在何方，只要心中有美好，就有诗和远方。林徽因带着这样的灵感，在时代的风云变幻里，守住初心，写出一篇又一篇的动人华章。

在这一场上海的旧时光里，林徽因安静地成长，任凭外面的世界早已翻天覆地，校园里的林徽因也只是遨游于知识的海洋。当然，除了学校的学习之外，林徽因开始迷恋诗意的世界，她还喜欢在自家的书楼画轴中沉醉。林徽因的美是诗意的，是灵动的，是充满书卷气的，这与她从小在书香中成长有着密切关系。所以她的一生精彩纷呈。

那个时代，包括如今，很多人都不理解，一个女子，为何要读那么多书？难道不是一样生活于凡尘烟火，油盐酱醋之中？难道不是一样要相夫教子？这样的人里面，就包括林徽因的母亲。然而，林徽因却用她一生的精彩向世人诉说了，读书的女人才可以活得恣意美好，才可以拥有不一样的人生。

也许，读过书的女人也一样要过凡尘生活，一样要相夫教子，可是腹有诗书的女人即使跌入凡尘，洗尽铅华，从事同样的工作，却可以有不一样的心情；生活在同样的家庭里，却可以过出不一样的情调；孕育同样的后代，却可以教出不一样的素养。

在每个人后来的气质里，都会蕴藏着他走过的路、读过的书和爱过的人。这些都会融进我们的灵魂里，一旦触动，就会喷薄而出。正如，上海的四年，雕刻进林徽因灵魂里的，那属于上海的风华绝代。

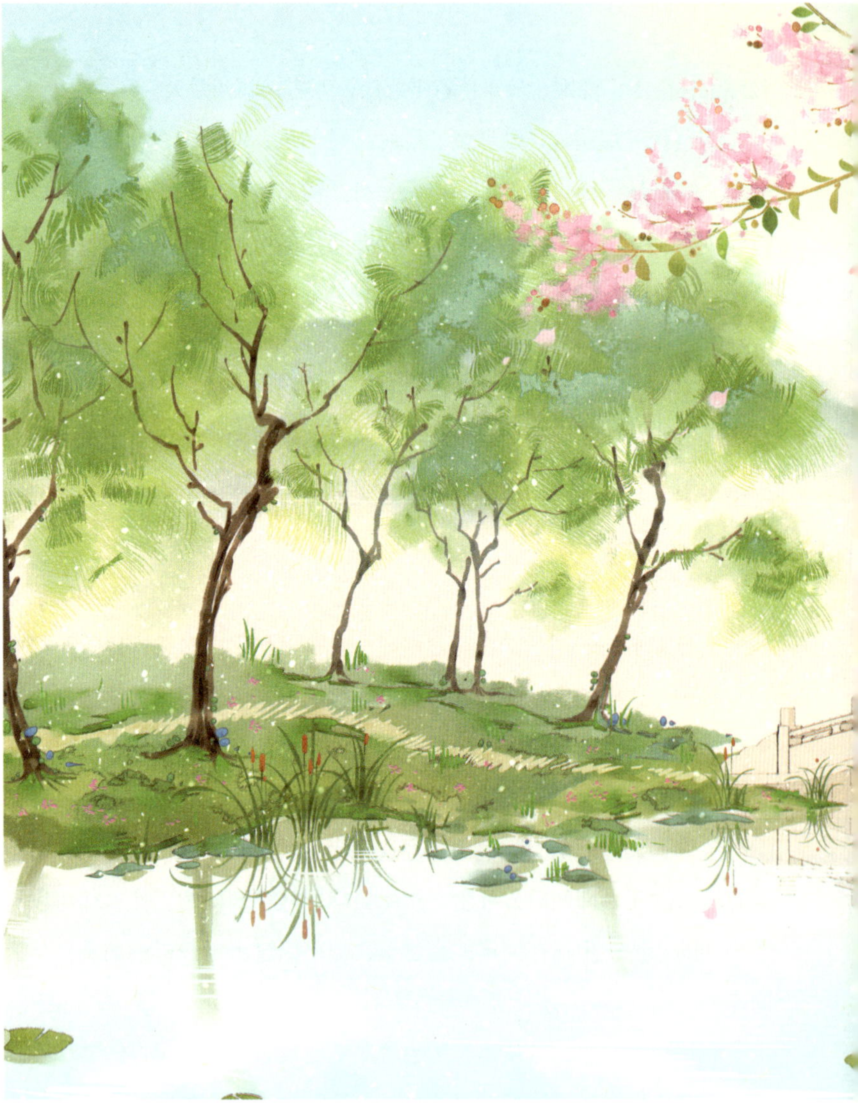

时光流转，仿佛有些事早已注定，变幻莫测中，有悲有喜。

京华烟云处

> 如果我的心是一朵莲花，正中擎出一枝点亮的蜡，荧荧虽则单是那一剪光，我也要它骄傲地捧出辉煌。

　　写下这样一个标题的时候，想到了林语堂《京华烟云》里那个完美的女人，那段缺憾的人生，那个京城才女——姚木兰。她讲话时灵巧的模样、她那聪慧明媚的眸子仿佛能看到人心里去。当然，还有她那满脑子稀奇古怪的想法。这样一位蕙质兰心的女子，即便后来也为人妻、为人母，但在历经时代和命运的波澜、受尽磨难后，依旧活得像个女孩子，智慧地经营着自己的人生，活得纯粹而坚强。这样一位女子，总会让人想起民国的林徽因，一样的灵动、一样的智慧，一样的努力经营自己的人生，哪怕风云变化，哪怕千难万险，始终不变自己的初心，守住心中的一片澄澈，活出自己的精彩，得到世人的赞叹。

　　京城的繁华比之江南的精致和上海的风华，又多了几分庄严肃穆，在这样的都市里，林徽因在仰望中轻轻走入、凝神驻足，继续着自己别样的人生。

　　1916年，林长民到北洋政府任职，同年，十二岁的林徽因也随家迁到了北京城。到北京城安顿之后，林徽因还来不及欣赏这座皇城的巍峨壮阔，就迅速重启了自己的读书生涯。

林徽因和四位表姐妹一起就读于英国教会开办的培华女子中学。这座学校以严谨的校风闻名于世，教育出的学生举手投足间皆具备着上流社会的气度和风采。

林徽因和四位表姐妹一起来到了这所学校，后世留下了一张属于她们的合影，照片中的少女们笑容阳光，亭亭玉立。尤其是林徽因，眉宇间褪去青涩，眉目清秀，气质出众。

家中两个女人的战争虽然不见硝烟，但是身在其中的林徽因却深知其中弥漫的战火味道。母亲喋喋不休地抱怨，让懂事的林徽因感受到了沉重与无奈。她理解父亲，又无法苛责母亲，加上作为一家长女，她又必须尊敬二娘，善待自己异母的弟弟妹妹。祖父母相继去世，家中琐事多数都落在了林徽因的肩上。林徽因是聪慧的，可是这聪慧在这样的复杂琐事、妻妾之争中显得苍白无力，她毕竟还只是一个少女。

被琐事缠身的林徽因似乎总有忧愁放不开，萦绕在心头，挥之不去。幸好，在这恢宏的皇城中，在自己的学校里，还有另一方天地，等待着林徽因去涉足、去体验。不同于北京女孩的豪爽大气，来自江南、长自上海的林徽因隽秀婉约。美丽的容貌加上满腹才华，使得林徽因在学校中获得了来自同学和老师的欣赏。

"桃之夭夭，灼灼其华，之子于归，宜其室家。"桃花是绚丽的，却也是温暖宜家的，正如那时的林徽因。在林徽因的笔下，她也曾经热烈地赞颂过桃花，并写下了《一首桃花》：

一首桃花

桃花,

那一树的嫣红,

像是春说的一句话:

朵朵露凝的娇艳,

是一些

玲珑的字眼,

一瓣瓣的光致,

又是些

柔的匀的吐息;

含着笑,

在有意无意间

生姿的顾盼。

看,——

那一颤动在微风里

她又留下,淡淡的,

在三月的薄唇边,

一瞥,

一瞥多情的痕迹!

对于这首诗,诗人徐志摩曾经评价,林徽因的《一首桃花》与前人的"记得绿罗裙,处处怜芳草"是同样的境界。他曾热烈地夸赞林徽因这首诗是"佳句天成，妙手得之，是自然与心灵的契合，又总能让人读出人生的况味。"无论从哪个角度来说，徐志摩都是林徽因的知己，她的举手投足，她的字里行间，总能在他这里找到最好的答案。

春日的桃花艳及群芳，风情万种的美丽，有着"朵朵露凝的娇艳，是一些玲珑的字眼"，这样的美让人怦然心动。正如那时候芳华初绽的林徽因，无论际遇如何，春日里的桃花依然美得令人心醉。绽放时候多情，离去时候也多情，颤动后的笑，是淡淡的，那多情的一瞥，神态，也是动人的。

林徽因笔下的这首桃花明媚多情，绽放在最好的春日里。而徜徉在书海中的林徽因又何尝不是如此呢！她如同一株多情的桃花，在北京的春日里顾盼生辉。

1917年，张勋复辟，林徽因全家迁往天津居住，只留下林徽因一个人住在北京。一个十三岁的少女，独自一个人留在繁华的北京城中，多愁善感的林徽因也会寂寞，也会孤单，可是自小坚强的她已经学会独处，学会一个人安静地做自己喜欢的事情。这一年的林家，尤其是父亲林长民身上发生了很多事情。张勋复辟之后，致力于革命的林长民在安顿好家人之后，独自回京。同年7月17日，由于支持段祺瑞讨伐张勋复辟，林长民被任命为司法总长。8月，举家由天津搬回北京。可是好景不长，11月，"安福系"崛起中，林长民开始被冷落，并随即辞去了司法总长一职。对于宦海沉浮，林长民表现得云淡风轻，可是年幼的林徽因却看穿了父亲心中的失落与无奈，这种无奈，来自于理想与现实碰撞后，理想粉身碎骨时的疼痛。

1918年，林徽因十四岁，父亲林长民卸任段祺瑞内阁司法总长之后，便和好友汤化龙、蓝公武重回日本游历。这时候的林徽因想给外出的父亲一个惊喜，于是，她翻出家中收藏的字画，按自己的理解一件件分类，并且重新整编，做成新的目录。在这件风雅的事情中，林徽因带着自己的自信，乐此不疲。她希望可以通过自己的方式来安慰处于低谷时期的父亲。

不久之后，林长民归来，林徽因迫不及待地给父亲展示自己的"劳动成果"。在最初的惊愕之后，林长民仔细阅读了林徽因整理的目录。身为父亲，他自然理解女儿的良苦用心，但是他还是认真地指出了其中的很多瑕疵。在女儿与自己的家书批注中也曾经提到过这段经历：

"徽因自信能编字画目录，及父归，阅之以为不适用，颇暗惭。"

我们不得不称赞林长民，他用一个学者冷静的头脑，给年仅十四岁的林徽因上了生动的一课。即便很小的事情，也从来容不得半点马虎，哪怕是对自己的女儿，也要用最专业的眼光来评判。也许，正是林长民的这种严格要求，才给林徽因今后的事业道路奠定了严谨的思维基础。

北京是政治旋涡，而林长民也在这样的旋涡中，艰难地为自己的理想和抱负不断地努力着。日渐懂事的林徽因在这座皇城中变得更加沉稳。很多人喜欢称赞林徽因清雅如莲，"出淤泥而不染，濯清涟而不妖"，如同一朵白莲盛开在那个时代的淤泥中，也盛开在无数人的心中，永不凋零。可是我更喜欢将她比作她笔下的"莲灯"：

莲灯

如果我的心是一朵莲花，
正中擎出一枝点亮的蜡，
荧荧虽则单是那一剪光，
我也要它骄傲地捧出辉煌。
不怕它只是我个人的莲灯，
照不见前后崎岖的人生——
沉浮它依附着人海的浪涛
明暗自成了它内心的秘奥。
单是那光一闪花一朵——
像一叶轻舸驶出了江河——
宛转它飘随命运的波涌
等候那阵阵风向远处推送。
算做一次过客在宇宙里，
认识这玲珑的生从容的死，
这飘忽的途程也就是个——
也就是个美丽美丽的梦。

　　心若莲灯，虽然有着莲花的模样，但是还有属于自己的光亮，让它"骄傲地捧出辉煌"，即使是个"美丽美丽的梦"，也要坚持到梦醒的那一瞬。她打江南走来，有着莲花般的诗意温柔；她从上海走过，有着一代风华的惊鸿掠影。

🌸 守住心中的一片澄澈，活出自己的精彩，得到世人的赞叹。

千山万水外

> 别丢掉 这一把过往的热情，
> 在幽冷的山泉底，在黑夜
> 在松林，你仍要保存着那真！

在林徽因生活的时代，漂洋过海是一种时尚。当西方的坚船利炮打破了中国人腐朽陈旧的民族意识，西方侵略者在带来战火的同时，也带来了更加先进的思想。当航行在无边的海域，每个人都会觉得自己不过沧海一粟。也许，那时候便随父亲一同漂洋过海的林徽因也是如此。

1920年春天，林长民赴英讲学，那一年的林徽因十六岁，她随父亲一起去英国读中学。告别了北京这座恢宏古老的城市，踏上了一段新的征程。很多人喜欢说，如果林徽因没有随父亲一起漂洋过海，那么等待她的将会是怎样的际遇呢？如果她一直生活在江南，那她又会拥有怎样的人生呢？

人生没有如果，不过我们却可以想见，无论怎样的际遇和生活，以林徽因的聪慧，她总能将自己的人生经营得精彩绝伦。

作为长女，林长民赋予林徽因殷切的期望，这一次，林长民赶赴欧洲考察宪制，并在英国讲学，他决定带着林徽因同行。作为父亲，他深刻地理解女儿，也知道女儿在家庭中聪慧得体背后的无奈与辛酸。他不忍看到女儿小小年纪就时不时地皱起眉头，他希望这一次，可以让女儿回归到她本该畅意的人生中。当然，这次外出最主要的目的是增长见识，学习西方更为先进的文化和教育。

"我此次远游携汝同行。第一要汝多观察诸国事物增长知识。第二要汝近我身边领悟我的胸次怀抱。第三要汝暂时离去家中繁琐生活，俾得扩大眼光，养成将来改良社会的见解与能力。"

1920年林长民致林徽因家书

知女莫若父，林徽因何其幸运地拥有这样一位父亲，时时事事都将她放在心上。寥寥一封信，却写出了沉甸甸的父爱，从此，林徽因开启了她人生中的另一番境遇。

就这样，父女二人一同踏上了一艘法国游轮。来自江南水乡，见多了水光柔波的林徽因，在海天相接、波澜壮阔的大海上，也忍不住雀跃起来。看见晚霞映着女儿兴奋的脸庞，作为父亲的林长民一定庆幸自己做了这样的决定。当然，这次外出，正如林长民所料，林徽因也见到了一个不一样的父亲，感受到了父亲想向她展示的胸襟与抱负。

在家中时的林长民虽然也常高谈阔论，但是温文尔雅的他面对那个半封建的家庭，多少也不能全然肆意洒脱。可是在这里就不一样了，轮船上载乘的都是前往海外的有识之士，所以林长民的热血也被点燃了。

在轮船上，林长民看到了民族的希望，认识了和自己有着共同理想的年轻人。5月4日那一天，他和轮船上100位赶赴法国勤工俭学的学生一起举办了"五四运动纪念日"活动，他走上用甲板搭成的讲台，发表了慷慨激昂的演讲：

"吾人赴外国，复宜切实考察。若预料中国将来必害与欧洲同样之病，与其毒深然后暴发，不如种痘，促其早日发现，以便医治。鄙人亦愿前往欧洲，以从诸君之后，改造中国。"

1920年6月14日我的通讯《赴法船中之五四纪念会》

这样神采飞扬的父亲，这样慷慨激昂的父亲，是林徽因从来没有见过的，她站在人群中，忍不住为自己的父亲欢呼、鼓掌。父亲那掷地有声的演讲，透过人群，激荡着这些无畏的年轻人，也包括年仅十六岁的林徽因。这一刻，林徽因仿佛更加理解父亲，心中那难以名状的情绪喷薄而出，内心的激动与感慨冲破胸腔，她明白了父亲的理想抱负，和他对自己的期许。

有些瞬间，终其一生都会牢记，有些执着，无论身处哪种境遇，都不会丢弃。林长民带给林徽因的精神涤荡，伴随了她的一生。爱读书的人都会怀旧，林徽因大概也是个怀旧的人，她努力珍惜着现在她生命里那些值得珍惜的人，对于那些过往，她细细捡拾，悄悄收藏在记忆深处，正如她写下的这首《别丢掉》：

别丢掉

别丢掉

这一把过往的热情,

现在流水似的,

轻轻

在幽冷的山泉底,

在黑夜,在松林,

叹息似的渺茫,

你仍要保存着那真!

一样是月明,

一样是隔山灯火,

满天的星,

只使人不见,

梦似的挂起,

你问黑夜要回

那一句话——你仍得相信

山谷中留着

有那回音!

　　这首诗是林徽因后来为悼念徐志摩写下的,我们仿佛看着她含着泪一样地诉说。别丢掉,即使生命都已经逝去,有些热情依然存在,因为山谷悠悠,会留下回音涤荡!林徽因的诗中,饱含着深情,又写满了热情,像极了那年漂洋过海时的心境。走过的路,经历的人总有一天会融进血液里,只为等到那被触发的一刻。那个夕阳如血的黄昏,那位在台上慷慨激昂的父亲,深深地刻在了林徽因的脑海中。父亲那份对于梦想的执着与热情,指引着她走向更加明媚的人生之路。

历经一个多月的海上航行后,林长民父女平安抵达法国,那时候的欧洲学校都在放暑假,所以林徽因有更多时间和父亲一起游历。跟着父亲的步伐,林徽因在欧洲别样的风情中漫步,在不一样的风景里沉醉不已。

他们的第一站是日内瓦湖,这个充满异域风情的湖泊,承载着无数文豪的赞颂。亨利·詹姆斯称它是"出奇的蓝色的湖";拜伦则把它比喻成一面"晶莹的镜子","有着沉思所需要的养料和空气";巴尔扎克把它说成是"爱情的同义词"。日内瓦湖湖畔花木扶疏,湖中水色澄碧,犹如人间仙境。这样的美景洗去了旅途的辛劳,让林徽因灵动的眼里满溢着喜悦。

巴黎的浪漫多情、罗马的沧桑恢宏、德国的与众不同。他们在法兰克福的文化氛围中流连忘返,歌德的诗篇让这座城市洋溢着书香袅袅。在柏林,她感受了源自德国人独特的严谨思维以及德式建筑风情。在游历中,林徽因被异域的美深深感染,她倏然发现,美是不分国界的,甚至是不分领域的,那些震慑人心的力量有时候就来自这些动人的景象。

同年9月,林长民父女二人抵达伦敦,这座多雾的城市弥漫着微微细雨,微雨薄雾中,父女二人入住Rortland,后来又在伦敦西区Albion door安顿了下来。安顿下来的父女俩就开始各自忙碌了。林长民致力于他的事业,而林徽因也开始就读于St.Mary's College,继续她的学业。

虽然，林徽因在国内时接受了大量的双语教育，但是真正置身于纯英文的陌生环境中后，她还是感到了难以言说的孤独。后来的抗战时期，林徽因在给沈从文的信中，曾经提到过这一段境遇：

"……差不多二十年前，我独自坐在一间顶大的书房里看雨，那是英国的不断的雨。我爸爸到瑞士国联开会去，我能在楼上嗅到顶下层楼下厨房里炸牛腰子同羊咸肉，到晚上又是顶大的饭厅里（点着一盏顶暗的灯）独自坐着，垂着两条不着地的腿同刚刚垂肩的发辫，一个人一面吃饭一面咬着手指头哭——闷到实在不能不哭！理想的我老希望生活有点浪漫的发生，或是有个人扣下门走进来坐在我对面同我谈话，或是同我同坐在楼上炉边给我讲故事，最要紧的还是有个人要来爱我。我做着所有女孩做的梦。而实际上却只是天天落雨又落雨，我从未认识一个男朋友，从没有一个浪漫的走来同我玩——实际生活所认识的人从没有像我想象的浪漫人物，却还加上一大堆人事上的纠纷。"

徽因

一九三七年十一月九日至十日

从这一封信中，我们仿佛看到了那个十六岁的少女，独自一个人在异乡的孤独。她没有朋友，甚至等不到一个可以和她认真说话的人。父亲林长民在忙碌中，自然照顾不到女儿，在这样无边的寂寞浸泡之后的林徽因，做着所有女孩都会做着的梦的林徽因，后来遇见了浪漫多情的徐志摩，这样的邂逅，令她欣喜不已。

多年之后的林徽因想起这段日子，仍然心有余悸，在她写给老友的这封信中，对于细节的描述，历历在目，仿佛那孤寂的日子仍未远去。

当然，孤独并没有打败林徽因，孤独的日子里，林徽因还有唯一的朋友，就是那一摞摞的书。无人陪伴的时刻，陪着林徽因打发时光的，就是这些书。在这期间，林徽因阅读了大量的书籍，戏剧、小说、诗歌，为她今后文学素养的形成奠定了更加深厚的基础。

那时，林长民在伦敦也有诸多应酬，小小的林徽因如同一位女主人，用她高雅、端庄的东方情怀帮助父亲在这些应酬中赢得一片赞誉。当然，大量的书籍让这位东方美人散发着知性的魅力，众多文化名流都愿意为她驻足，精神与才情的碰撞为林徽因一生的文学艺术创作提供了丰富的思想储备。

人一生的际遇前后相关，共同构筑了精彩的人生，对于前后之事，对于属于自己的历史，即使累赘，也不能忘记。多年之后，林徽因写下这样一首诗《前后》：

前后

河上不沉默的船

载着人过去了；

桥——三环洞的桥基，

上面再添了足迹；

早晨，

早又到了黄昏，

这赓续

绵长的路……

> 不能问谁
>
> 想望的终点，——
>
> 没有终点
>
> 这前面。
>
> 背后，
>
> 历史是片累赘！

多年之后，读起这首诗，总是会想起林徽因在伦敦的这段日子，那样的沉默，孤单，从早上，不经意就到了黄昏。看不到那渴望的终点，外表的光鲜掩盖不了年仅十六岁的寂寞。

人生的每一段经历都是生命的必然历程，走过的路会永远留下印记。有些往事虽已远去，有些记忆也已模糊，然而无论如何都是生命的过往，交织出现在和未来。

或许是感受到了女儿的孤单，林长民让林徽因和好友柏列特医生一家去布莱顿度过暑假。在那里，林徽因和柏列特医生的五个女儿成了朋友，她终于找到了自己的朋友。她的一位朋友，柏列特医生的四女儿黛丝，她自称工程师，深爱着建筑，她用尚且稚嫩的语言告诉林徽因："建筑是一门艺术，和诗歌、和绘画一样，有着自己的语言，建筑从来不只是盖房子。"说者无意，听者有心，这样一句简单的话语在林徽因的心中掀起了巨大的波澜。

时光飞逝，1921年10月的一个早晨，泰晤士河荡漾着金黄色的柔波，离别再一次到来了。也许是因为爱上了这异域的美好风光，也许是因为那个浪漫多情的男子——徐志摩。

第二章 那场康桥梦

你是人间四月天

你是人间四月天

你是一树一树的花开，是燕在梁间呢喃，——你是爱，是暖，是希望，你是人间的四月天！

提起徐志摩，很多人会想起林徽因那首脍炙人口的《你是人间的四月天》，甚至连讲述徐志摩爱情故事的电视剧名都是《人间四月天》。的确，浪漫多情的徐志摩确是如同人间四月，温柔、热情、才华横溢。这首《你是人间的四月天》，像极了林徽因，也像极了徐志摩：

你是人间的四月天

——一句爱的赞颂

我说你是人间的四月天；
笑响点亮了四面风；轻灵
在春的光艳中交舞着变。

你是四月早天里的云烟，
黄昏吹着风的软，星子在
无意中闪，细雨点洒在花前。

那轻,那娉婷,你是,鲜妍
百花的冠冕你戴着,你是
天真,庄严,你是夜夜的月圆。

雪化后那片鹅黄,你像;新鲜
初放芽的绿,你是;柔嫩喜悦
水光浮动着你梦期待中的白莲。

你是一树一树的花开,是燕
在梁间呢喃,——你是爱,是暖,
是希望,你是人间的四月天!

很多人认为这首诗是写给徐志摩的情诗,称赞他是天真,是庄严,是夜夜的月圆,是人间的四月天。当然,也有人说,这首诗是林徽因写给他的长子梁从诫的,是新生命带来的欢欣。但无论如何,都无法否认,那如同人间四月天一样明媚的男子曾经镌刻在林徽因的生命里,书写了一段难以忘怀的往事。

这首《你是人间四月天》充满了爱与温情,那一树一树的花开,是燕在梁间呢喃,是爱,是暖,是诗的一篇。于是,很多人都认为这首诗刻画的是爱情的美好。当然,作为母亲,林徽因给予儿子的寸草之心自然也会温柔得淋漓尽致。在这人间的四月天里,有林徽因最经典的诗篇,也有生命中最珍贵的情感。

林徽因生命中的很多际遇都来自他的父亲林长民，包括她的成长经历，甚至出现在她生命里的挚友徐志摩和后来相伴一生的梁思成。

　　徐志摩出生于浙江省海宁市，是当地著名富商徐申如之子，生于商贾之家，徐志摩从小聪慧好学，成绩突出。作为家中独子，敏而好学的他一直都是家人的骄傲。遇见林徽因，是他人生中的一个意外，于他而言，也是一个最美好的意外。

　　早在1915年，十八岁的徐志摩就在家人的安排下，娶了上海巨富张润之之女张幼仪。这段婚姻可以说是门当户对，由张幼仪的二哥，政界风云人物张君劢亲自做媒。然而，事与愿违。徐志摩才华横溢、浪漫多情，但是可惜，他与张幼仪却是情浅缘深，一辈子的怨偶而已。追求自由、浪漫的徐志摩对于这段婚姻并不满意。

　　张幼仪接受过新式教育，也是新时代的女性，她聪明、大方，从她后来的际遇来看，这也是一位优秀的女人。她善良纯孝，是难得的良配。只是，无论张幼仪怎样好，徐志摩并不爱她。徐志摩像是完成任务一样与张幼仪结婚生子，之后，便离开了家，去继续他的求学生涯。

　　1920年，徐志摩在狄更生的介绍和推荐下，以特别生的资格进入了康桥大学（现剑桥大学）皇家学院。同在伦敦，徐志摩在朋友陈伯通的介绍下，来到了阿尔比恩门27号，认识了林长民。同是江南人，都有着浪漫多情的理想，都有着满腔的报国理念，在异国的天空下，二人一见如故，很快就成了忘年之交。

　　作为家中女主人一般存在的林徽因，对于父亲的朋友也从不陌生。在父亲与朋友的促膝长谈间，林徽因或是续上一壶水，或是捧着一卷书，或是偶然插上两句话。她美丽的倩影为这个男性的世界增添了一抹动人的颜色。初次见面时，林徽因对这个年长她八岁的男子冲口喊出了"叔叔！"尽管他们之间只相隔了八年的光阴，但那时候徐志摩已然成婚，而且是一个三岁孩子的父亲。初见时，徐志摩对于林徽因来说，是一位值得敬仰的前辈，父亲的朋友。

随着交往的深入，徐志摩开始欣赏林徽因的聪慧大方，而林徽因也从徐志摩的博学多才中受益匪浅。异乡的孤寂让林徽因像所有少女一样渴望有一个浪漫多情的男朋友。才华横溢的徐志摩值得林徽因爱慕，可是林徽因是何其冷静的一个人，她知道，即便有瞬间的心动，徐志摩终究不会是她的良配。她会守住自己的底线。然而，徐志摩却不一样，林徽因清雅如莲的气质，温暖如花的笑靥瞬间就点燃了诗人的爱情，徐志摩意识到，他多年想要追求的女神，就应该是林徽因这个样子。于是，在诗人的梦里，这一抹倩影伴随着康河的柔波，一起温柔地荡漾着，让这个多情的诗人，甘心做一条水藻。

同在民国的张爱玲说，"爱一个人会变得很低很低，低到尘埃里，但心是欢喜的，从尘埃里开出花来。"这样的爱情是张爱玲的，却从来不是林徽因的。林徽因是一个冷静自持的人，她从来都知道，自己想要的是什么，加上父母和二娘的婚姻，让林徽因对待自己的婚姻更加理性沉着。

或许林徽因也是动了心的，只是这份动心，并没有太多的男女之情，更多的是尊敬，欣赏，或是崇拜。徐志摩的满腹诗情让林徽因看到了身边的诗人，少女的满心期待，在徐志摩身上得到了体现。林徽因必然也是欣喜的，在异乡的孤寂岁月里，她认识了这样一位浪漫多情的诗人，带她走进了一个充满诗意的旖旎世界。那一段记忆，铭刻在心头，多年之后，仍会浮现在眼前，一如她后来写下的这首《记忆》：

记忆

断续的曲子，最美或最温柔的

夜，带着一天的星。

记忆的梗上，谁不有

两三朵娉婷，披着情绪的花

无名的展开

野荷的香馥，

每一瓣静处的月明。

湖上风吹过，头发乱了，或是

水面皱起像鱼鳞的锦。

四面里的辽阔，如同梦

荡漾着中心彷徨的过往

不着痕迹，谁都

认识那图画，

沉在水底记忆的倒影！

这首温暖的诗中，满载着温柔的记忆，读起来，总让人想起徐志摩的那一首《再别康桥》，那满天的星辉，那星辉斑斓里的放歌，那波光里的

"记忆的梗上,谁没有,两三朵娉婷,披着情绪的花,无名的展开。"

艳影。这首《再别康桥》是徐志摩多年之后重访康桥时写下的,那时候的林徽因已经嫁做他人妇,所以诗人只能挥一挥衣袖,不带走一片云彩。

再别康桥

轻轻的我走了,

正如我轻轻的来;

我轻轻的招手,

作别西天的云彩。

那河畔的金柳,

是夕阳中的新娘;

波光里的艳影,

在我的心头荡漾。

软泥上的青荇,

油油的在水底招摇;

在康河的柔波里,

我甘心做一条水草!

那榆阴下的一潭,

不是清泉,是天上虹;

揉碎在浮藻间,

沉淀着彩虹似的梦。

寻梦？撑一支长篙，
向青草更青处漫溯；
满载一船星辉，
在星辉斑斓里放歌。

但我不能放歌，
悄悄是别离的笙箫；
夏虫也为我沉默，
沉默是今晚的康桥！

悄悄的我走了，
正如我悄悄的来；
我挥一挥衣袖，
不带走一片云彩。

  两首诗中，有着共同的意象，共同的回忆，这样美好的记忆，对林徽因来说也是毕生难以忘怀的。那一年的康河仿佛就为这两个人而生，温柔多情的河水曾经见证，这两人彼此的深情。或许，对于林徽因，这并不是爱情，可是对于徐志摩，这却是一生中，最深切的爱恋。

  最无法掩藏的，便是爱一个人时的眼神。这样炽热的眼神，林徽因感受到了，林长民必然也感受到了。作为朋友，他欣赏徐志摩，可是，作为一个父亲，他怎么忍心让女儿的名声受到影响？毕竟，徐志摩已有家室。加上林长民已经和好友梁启超定下了儿女的终身，所以，林长民不会支持两个人的相爱。

当然，聪明的徐志摩也开始意识到他和林徽因之间的障碍，他本以为两人之间横亘的就是张幼仪。这时候的张幼仪已经在家人的安排下来到了徐志摩的身边，徐志摩的父母很喜欢这个孝顺懂事的儿媳妇。

然而，徐志摩没有意识到，他和林徽因之间隔着的，从来不只是一个张幼仪，他们之间隔了千山万水，可是徐志摩却甘愿为了佳人，负尽一切。但是，无论林徽因爱或没有爱过徐志摩，她都不会允许这样的事情发生。她知道父亲对于这桩婚姻必然不会认可，家人朋友，甚至社会舆论都不会给予他们最好的祝福。所以，林徽因选择了落跑，在这段感情里，做一个逃兵。即使，她心中，仍然不能释怀；即使，那个人的影子，仍然萦绕在她心头，一如这一首《仍然》：

仍然

你舒伸得像一湖水向着晴空里
白云，又像是一流冷涧，澄清
许我循着林岸穷究你的泉源：
我却仍然怀抱着百般的疑心
对你的每一个映影！

> 你展开像个千瓣的花朵！
> 鲜妍是你的每一瓣，更有芳沁，
> 那温存袭人的花气，伴着晚凉：
> 我说花儿，这正是春的捉弄人，
> 来偷取人们的痴情！
>
> 你又学叶叶的书篇随风吹展，
> 揭示你的每一个深思；每一角心境，
> 你的眼睛望着我，不断的在说话：
> 我却仍然没有回答，一片的沉静
> 永远守住我的魂灵。

这首诗发表于1931年，很多人都认为，这是林徽因在对徐志摩《偶然》的唱和。她说，"这正是春的捉弄人，来偷取人们的痴情！"春的捉弄人，造化的弄人，注定了这两个人的缘分，到此为止。

面对徐志摩如火的热情，林徽因"却仍然没有回答"，只能"在一片的沉静"里，"永远守住自己的魂灵"。无论你用怎样的诗意盎然，我都只能感叹命运弄人，抱歉，我选择了守住自己的灵魂，辜负你。那时候的林徽因必定是在深思熟虑之后，决定让这段甚至来不及萌芽的感情，戛然而止。

也许是已经和父亲商定好，那一年10月，父女二人一同乘坐"波罗加"号回到了中国。

爱是天时地利的迷信

> 人去时,孔雀绿的园门,白丁香花,相伴着动人的细致,在此时,又一次湖水将解的季候,已全变了画。

　　或许,林徽因也期待一段浪漫的爱情;或许在异乡的孤寂中,林徽因也希望有一个人为她写下绚烂的诗歌,为她做些浪漫的事情。可是,她期待的那个人却不是徐志摩。她或许会爱他,却绝对不会选择他,即使情窦初开,她也不会因为爱情而彻底迷失自我。所谓"不忘初心,方得始终",林徽因大抵就是这样一个人吧,无论什么样的际遇下,她都能守住自己的初心,因而她的一生,虽然波折,但也幸福。然而,对徐志摩而言,这却是残忍的。事实上,爱上林徽因,并不是徐志摩的错,但遇到性情理智的林徽因,就已经注定了彼此的错过。

　　一直以来,作为一个开明的家长,梁启超希望儿女的婚事可以由自己做主。自由恋爱,在父母的撮合下相识,然后自然而然地结合。他认定了林徽因是他的儿媳,却从来没有给她任何压力。作为老师,梁启超很明白徐志摩的心性。作为一位父亲,他了解自己的儿子,同样希望儿子能和林徽因在一起。为师为父,手心手背,慈爱的梁启超不忍心伤害这三个年轻人，最终，他选择把林徽因接回北京，继续在培华女中读书。

那一厢，陷在爱情里的徐志摩却顾不得许多，他希望给林徽因，这个他深爱的女人一份属于她的名正言顺，因此他不顾一切，要和张幼仪离婚。即使，那时候的张幼仪已经身怀有孕，可是，徐志摩仍然没有丝毫的愧疚之心。他甚至觉得，张幼仪就是他通往幸福的牵绊，所以，他一定要离开她。他甚至让张幼仪去堕胎，张幼仪只是说了一句"我听说，有人因为堕胎而死的……"徐志摩便十分不耐烦地说："还有人因为坐火车而死的，那就都不坐火车了吗？"面对决绝的丈夫，张幼仪无言以对，甚至连泪水都显得多余。有人说，或许你守得住一个负心汉，但是你守不住一个痴情郎，恰如一首歌里唱的，心不在，留不留都是错……张幼仪一定懂得，所以，她选择了放手，或许对她而言，她对徐志摩最后的爱就是放手吧！这个坚毅的女人，在面对丈夫的抛弃时，依然温柔如初，甚至回国之后，她依然教养孩子，善待公婆。

面对一走了之的丈夫，张幼仪挺着笨重的身躯找到自己的二哥，她没有对徐志摩抱怨一句，安静地生下她和徐志摩的第二个孩子，然后独自舔舐自己的伤口。半年之后，她等来的徐志摩甚至没有给她和刚出生的孩子一句问候，就直奔主题，在金岳霖和吴经熊等人的见证下，二人离了婚。

当然，也包括张家，他们只是觉得遗憾，没有足够的缘分，可以一直做一家人。尤其是张幼仪的二哥张君劢，在给妹妹的回信中，他写

🌸 无论际遇如何，依然坚守初心，这样的人生，虽然波折，但也幸福。

道:"张家失徐志摩之痛,如丧考妣……"他还曾叮嘱自己的妹妹"万勿打胎,兄愿收养"。这是怎样豁达的一家人啊,面对这样的背叛却依旧能够深情不改。

后来的张幼仪曾说过这样一段话:

"你总是问我,我爱不爱徐志摩。你晓得,我没办法回答这个问题。我对这问题很迷惑,因为每个人总是告诉我,我为徐志摩做了这么多事,我一定是爱他的。可是,我没办法说什么叫爱,我这辈子从没跟什么人说过"我爱你"。如果照顾徐志摩和他家人叫爱的话,那我大概是爱他吧。在他一生当中遇到的几个女人里面,说不定我最爱他。"

这样的深情让人动容,即使从未说爱,可是心底的那份牵挂与惦念却是最深、最重的。张幼仪于徐志摩,更多时候像是家人,或许没有轰轰烈烈的爱情,可是张幼仪一直将自己当成徐志摩的妻子。她觉得自己奉养公婆、养育孩子,甚至到后来为徐志摩、陆小曼的挥霍买单都是她不可推卸的义务。面对这样一个女人,徐志摩心聋目盲,看不见她的付出,所以他们如此决绝地分离。

对比张幼仪的成全,陆小曼的不顾一切,林徽因显得多少有些冷漠。她或许也给过徐志摩希望,但是却从来没有想过和他一生一世。从林徽因选择和父亲回国的那一瞬间起,她就已经将徐志摩排除在她的爱情之外了。

然而,在命运的翻手为云、覆手为雨之间,总会横生出许多枝节,哪怕再冷静的人也会在命运的变幻莫测里，措手不及。回国之后，林徽因遇到了梁思成，她其实早就知道，她和他之间已经定下了婚约，只是两位慈爱的父亲希望他们两人能够自由恋爱。

梁思成有着不同于诗人徐志摩的浪漫多情，这位敦厚得甚至有些木讷的男孩子让林徽因有一种心安的感觉。她知道，这样的男子才能给她一生岁月静好，所以她平淡地和梁思成交往着。

1922年10月，徐志摩终于和张幼仪离婚，没有离婚后的伤感，相反的，他感到轻松，甚至兴奋，因为他终于有资格正大光明地追求所爱了。他几乎是迫不及待地来到上海，可得来的消息却是，林徽因与梁思成"已有成言"。好似一个晴天霹雳瞬间炸响，让徐志摩无所适从。他了解林徽因，她是绝对不会像自己一样冒天下之大不韪，即使只是"已有成言"，而不是已经成婚。可是不甘心的徐志摩在绝望中纠结了一个月后，仍然选择了北上，他希望能从林徽因口中得到真相，至少给他一个死心的理由。

徐志摩拜访林家，林家人仿佛早就知道他会来，也早就知道他的来意，于是接待他的，不是他心心念念的林徽因，而是他的老友——林长民。林长民刮去了自己的大胡子，少了几分随性儒雅，但多了几分精神干练。他当然知道徐志摩为何而来，却绝口不提林徽因，更不提林徽因的婚事。他只是拉着这位忘年好友一起喝上了绍兴的花雕酒，还兴致勃勃地说："哪里的酒都喝不出家乡的味道。"

然而此刻在徐志摩的心中口中，无论是什么酒，都只有苦涩的味道。林长民看着失魂落魄的徐志摩，有意无意地抬头看向悬挂在书房

"雪池斋"中，福建老诗人陈石遗赠送给他的那首诗：

> 七年不见林宗孟，划去长髯貌瘦劲。
> 入都五旬仅两面，但觉心亲非面敬。
> 小妻两人皆揖我，常服黑色无妆靓。
> 长者有女年十八，游学欧洲高志行。
> 君言新会梁氏子，已许为婚但未聘。

很明显，这首诗很早以前就已写下，林徽因和梁思成的婚约早就定下。或许是为了让徐志摩死心，特意挂上，又或许一直就挂在此处。那又有什么区别呢？再怎样挣扎，徐志摩已经看到了林家父女的态度，加上梁思成又是自己老师的公子。徐志摩虽然陷于痴情中，但又无可奈何，所以他什么也没说，什么也不问，只是陪着老友细细地品味着这樽花雕酒。但是，他心里明白，这酒的苦涩将萦绕他的整个人生。

多情却似总无情，徐志摩就是这样的人，和张幼仪离婚之后，他反而觉得这世上多了一个知心人。他时常给张幼仪写信，毫不避讳地诉说自己的心事，就像写给另外一个自己。

在那个时代里，一日为师，终身为父，所以梁启超对于徐志摩，有着一份如师如父的牵挂。这个聪慧的学生一直是他心头的记挂，他听说徐志摩和张幼仪离婚，只是以为二人无法相处，所以也没有多说什么。可是后来，当这位同样聪慧的老师觉察出徐志摩的心意之后，他情真意切地给徐志摩写了一封信，劝慰爱徒："真爱固然神圣，但可遇不可求,不可勉强。"梁启超明知道徐志摩心仪的是自己既定的儿媳妇,他还是这样苦口婆心,表现出了一位智者的宽容。然而,深陷情网的徐志摩什么也听不进去了,他立刻给恩师梁启超回信:

"我之甘冒世之不韪,竭全力以争取,非特求免凶残之痛苦,实求良善之安顿,求人格之确立,求灵魂之救度耳。我将于茫茫人海中,访我唯一灵魂之伴侣。得之,我幸;不得,我命,如此而已。"

徐志摩知道恩师这样劝自己已经是仁至义尽,可他是一个视自由与爱情为生命的诗人,即使世俗无法理解,他仍忍不住向恩师表达自己的心意,像一个倔强任性的孩子,明知不可为而为之。"即使全世界都辜负了你,我也愿意站在你身后,为你负尽天下人。"这样飞蛾扑火般的爱情令人扼腕。后来,林徽因写下一首诗《去春》:

去春

不过是去年的春天,花香,
红白的相间着一条小曲径,
在今天这苍白的下午,再一次登山
回头看,小山前一片松风
就吹成长长的距离,在自己身旁。

人去时,孔雀绿的园门,白丁香花,

>相伴着动人的细致,在此时,
>又一次湖水将解的季候,已全变了画。
>时间里悬挂,迎面阳光不来,
>就是来了也是斜抹一行沉寂记忆,树下。

从她的诗中,我们可以看出,林徽因一直都是一个冷静而自持的人,往事如烟,她选择潇洒地放手,"就是来了也是斜抹一行沉寂记忆,树下"。

得之，我幸；失之，我命

> 我是天空里的一片云，偶尔投影在你的波心——你不必讶异，更无须欢喜——在转瞬间消灭了踪影。

1923年5月，梁思成参加"五七国耻日"游行，不幸被车撞到，随即被送往医院。当消息传到林家的时候，一向冷静的林徽因也慌了神。这之前，她自己也说不上有多爱梁思成，可是在这个时候，她却突然意识到，自己不能没有他。也许，在感情的天平上，她曾将徐志摩和梁思成一起衡量过，可在这一刻，她猛然发现，这个温厚的年轻人早已经成为她生命中难以割舍的一部分了。因为他有意外，她此刻窒息般的痛就说明了一切。她飞快地跑到医院，悉心地照顾着梁思成，亲自为他擦身，帮他翻身。5月的北京已经非常炎热，一向注重形象的林徽因为了照顾梁思成，甚至顾不得汗水已经浸湿了她的衣襟，她只希望，梁思成能快点好起来。

原本并不看好二人的梁思成的母亲也不得不承认，林徽因对儿子的照料是细致的，这份感情也是真挚的。当然，她也看出，儿子真心爱着这个女孩，作为一位母亲，即使她并不喜欢林徽因新式女性的做派，为了儿子,她也选择了默许。

　　动了三次手术的梁思成终于出院了,林徽因带着鲜花亲自来接他,这次意外也让林徽因看清了自己的内心。她或许没有忘记徐志摩,没有忘记康河的柔波,可是她选择了"还将就来意,怜取眼前人"。

　　有些人一旦分开,就会决绝得老死不相往来;可是有些人,即使分开,也会选择继续做朋友。其实,男女之间是可以有友谊的,只要一个抵死不说,一个装傻到底。林徽因珍惜徐志摩这个朋友,所以她选择了装傻到底,徐志摩也珍惜林徽因,所以他会绝口不提。他为林徽因写下这首《你去》,告诉林徽因,他的爱一直都在,你选择离开,我也会离开,不过离开之前,我愿意目送你去。

你去

你去,我也走,我们在此分手;

你上哪一条大路,你放心走,

你看那街灯一直亮到天边,

你只消跟从这光明的直线!

你先走,我站在此地望着你,

放轻些脚步,别教灰土扬起,

我要认清你的远去的身影,

直到距离使我认你不分明,

再不然我就叫响你的名字,

不断的提醒你有我在这里

为消解荒街与深晚的荒凉,
目送你归去……
不,我自有主张,
你不必为我忧虑;你走大路,
我进这条小巷,你看那棵树,
高抵着天,我走到那边转弯,
再过去是一片荒野的凌乱:
有深潭,有浅洼,半亮着止水,
在夜芒中像是纷披的眼泪;
有石块,有钩刺胫踝的蔓草,
在期待过路人疏神时绊倒!
但你不必焦心,我有的是胆,
凶险的途程不能使我心寒。
等你走远了,我就大步向前,
这荒野有的是夜露的清鲜;
也不愁愁云深裹,但须风动,
云海里便波涌星斗的流泉;
更何况永远照彻我的心底;
有那颗不夜的明珠,我爱你!

  林徽因大概也想不到,她和徐志摩会这么快重逢,重逢在"新月"的笼罩下。1924年春,林徽因和父亲一起走进了石虎胡同7号,徐志摩创办的"新月社"。林徽因点燃了徐志摩满腹的诗情,虽然总有一天,她终将离去,但幸运的是,她点燃的这满腹的诗情仍然陪伴着他。在爱情里走失的,他在诗歌中找寻,于是他想起了一弯新月,心头永远的白月光。

与林长民父女一同前来的,还有胡适、陈伯通、凌叔华、金岳霖以及徐志摩的老师——梁启超。这样的情景下再次相聚,即使徐志摩心中涌起了万层巨浪,也只能平静地与佳人谈笑自若,假装什么都没有发生过。可是,那刻骨的相思被离别雕琢得更加深沉了,重新遇见,让他的心头荡起层层涟漪。

当时的徐志摩不会想到,林徽因更不会想到,这个以老诗人泰戈尔《新月集》为名的"新月社"会成为民国新文化运动中清新而浓烈的一页。他们只是遵从自己心底的热爱,对诗歌的热爱,对文学的热爱,和对这个国家和民族的热爱,做着自己所热爱的事业而已。

缘分总是这样,在你充满期待时给你当头棒喝,而在你放弃希望时又为你亮起曙光。或许此时的徐志摩对林徽因和梁思成的结合已经接受,他无奈地迫使自己忘却,只是命运又跟他开了一个玩笑,让那几近熄灭了的爱火又重新雀跃。

1924年4月23日,在蔡元培、梁启超、胡适、蒋梦麟、梁漱溟、熊希龄、林长民等人的翘首企盼中,一位鹤发童颜的老人在徐志摩的搀扶下微笑着走来。在一片鞭炮声中,林徽因捧着鲜花款款走向老人。是的,这个清癯的东方寿星满眼含笑,行动如诗,他就是诺贝尔文学奖获得者、印度著名诗人、文学家——泰戈尔。

这是文学界的盛事,一众文人纷纷为老诗人接风,担任起本次接待

❀ 缘分总是这样，在你充满期待时给你当头棒喝，而在你放弃希望时又为你亮起曙光。

总任务的就是徐志摩,他也是泰戈尔的同声翻译,陪他一起接待老人的就是林徽因。日坛公园的草坪修剪一新,众多学者、学生甚至百姓纷纷涌来,只为亲眼见识老诗人的风采。

泰戈尔由林徽因搀扶登台,徐志摩站在旁边同声翻译,那一天的报刊上称赞三人是一幅《松竹梅三友图》。老诗人苍劲如松,林徽因笑靥如梅,而徐志摩清朗如竹,一时间,三人成为京城街头巷尾的一段美谈。

徐志摩的翻译伴着老诗人淙淙如流水般的演讲,让在场的很多人都听得沉迷,包括林徽因。虽然隔着国度、隔着语言甚至隔着年龄,但在诗意的世界里,没有一丝隔阂。灵魂的碰撞里,林徽因为这样的徐志摩骄傲,泰戈尔同样欣赏这位年轻的诗人。一左一右,林徽因与徐志摩相伴在老诗人的身畔,这画面本身就有说不出的诗意盎然。

5月8日,为老诗人庆生的活动由胡适主持,400多位京城最著名的文化名人出席,这场宴会按照中国传统方式操办,席间尽显中国特色。为了给老人祝寿,新月社排演了根据印度史诗《摩诃婆罗多》所改编的《齐德拉》。这是一次专场演出,全场采用英文对白,很多不懂英文的人纷纷找人做自己的翻译。这场戏剧所演绎的是一个与爱情有关的故事:

在外修行的俱卢王子阿周那遇到了正在出猎的马尼浦王国的公主齐德拉。齐德拉随即爱上阿周那,但苦于自己从小便以男子的模式培养,缺乏女人的温柔和美丽,所以她向神祈祷而获得了为期一年的美丽,从此便和阿周那情意绵绵。而阿周那并不知道躺在自己怀里的这个女子正是自己心仪的齐德拉,最后以齐德拉勇敢地说出本性和阿周那的接受而全剧闭幕。

在这幕剧中,最引人注目的不是王子和公主,而是爱神与公主,或者说是扮演爱神的徐志摩和扮演公主齐德拉的林徽因。爱一个人的眼神是无法掩藏的,尤其在这样的演出里。虽然一举一动都只是演戏,但是举止之间也最容易忘情。也许有些人听不懂英文,也许有些人看不懂剧情,可是在场的人,包括老诗人泰戈尔都看到了徐志摩眼中对林徽因那难以掩藏的深情。

当幕布落下,掌声雷动间,老诗人泰戈尔登上台,对着女主赞叹道:"马尼浦王的女儿,你的美丽和智慧不是借来的,是爱神早已给你的馈赠,不只是让你拥有一天、一年,而是伴随你终生,你因此而放射出光辉。"

演出的成功非但没有给林徽因带来欢快,相反地,如潮的绯闻让原本就不喜欢林徽因的梁夫人对此耿耿于怀。林徽因看出梁思成极力压制的不快,她心中也感到愧疚。虽然她并没有错,但是她如何看不出,舞台上徐志摩眼中跳跃的炽热。这样文采风流的徐志摩,这样才华横溢的徐志摩,值得任何一个女子驻足、欣赏。在滔天的流言中,林徽因收拾起自己杂乱的心情,做出了一个让梁家放心,也让徐志摩死心的决定——她决定和梁思成一起去美国留学。

伤心的徐志摩何尝不知道,林徽因不会回头了,这一次的默契与柔情是他们感情最后的回光返照,于他是写下了这首《偶然》:

偶然

我是天空里的一片云,
偶尔投影在你的波心——
你不必讶异,
更无须欢喜——

> 在转瞬间消灭了踪影。
>
> 你我相逢在黑夜的海上,
>
> 你有你的,我有我的,方向;
>
> 你记得也好,
>
> 最好你忘掉,
>
> 在这交会时互放的光亮!

爱情是诗歌的养料,虽然已经过了年少轻狂的时节,可是老诗人对徐志摩的心意也是了然的。他欣赏这位年轻的诗人,他同样喜欢这位娉婷的女孩,压抑的情感躲不过老人智慧的双眼。临别之际,他为林徽因写下一首小诗:

> 蔚蓝的天空
>
> 俯瞰苍翠的森林
>
> 他们中间
>
> 拂过一阵喟叹的清风。

携着这首清丽而伤感的小诗,林徽因与梁思成一起踏上了远行的列车,远去了的林徽因,带着徐志摩的悲伤牵挂,如同一场绚烂的烟花,刚刚绽放,就已经烟消火灭。正如徐志摩当时对恩师梁启超说的,得之,我幸;失之,我命。这样一场如烟花般绚烂的情事,还没有开始,就已经结束,这也许就是命运吧!

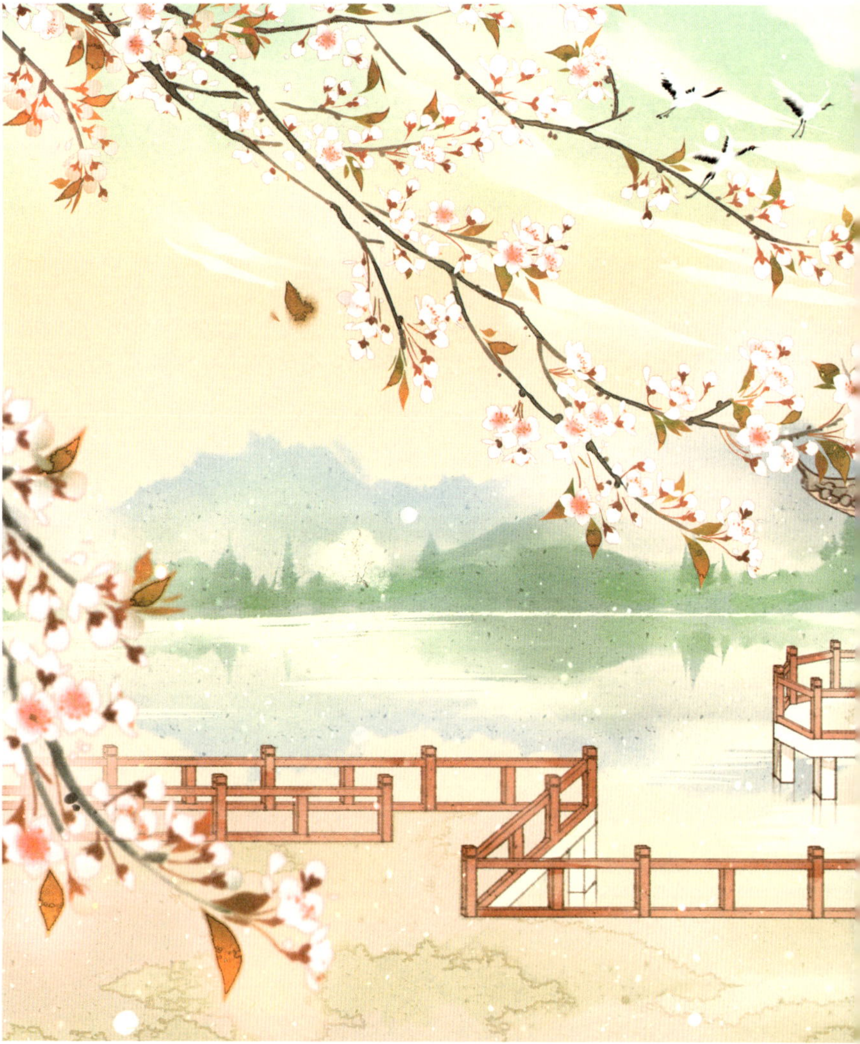

"即使天下人都辜负了你,我也愿意站在你身后,为你负尽天下人。"

转身即天涯

> "我求你",她信上说,"我的朋友,给我一个快电,单说你平安,多少也叫我心安。"

有些人,一转身,就是一辈子,即便再相逢,也早已沧海桑田,再也找不回曾经的心境。林徽因活得冷静而克制,她希望自己的每一步都走得没有遗憾,她何尝不知道,她和徐志摩之间,注定彼此辜负,所以,最好不相见,如此便可不相恋。

于徐志摩来说,林徽因是他灵感的源泉,快乐的源泉,也是痛苦的源泉,多年后,他曾提到:

"最早写诗的那半年,生命受了一种伟大力量的感慨,什么半成熟的未成熟的意念都在指缝间散作缤纷的雨。"

那种伟大的力量,叫爱情。在爱情的滋润下,每个少年都是诗人,遑论徐志摩,这个天生的诗人。然而,当爱情无望,离别在即,留下的也许只有一声沉重的叹息和一句最无奈的祝福了吧!也许,徐志摩最后的愿望就是林徽因的安好，她若安好，即使天涯海角，他也能心安。

那一年，林徽因和梁思成携手来到绮色佳的康奈尔大学，在那里，梁思成选学水彩静物画、户外写生和三角，林徽因选择的是户外写生和高等代数。绮色佳，地如其名，有着绝佳的风景，尤其是那漫山的枫叶，衬托着林徽因和梁思成相伴岁月中那难忘的平静与美好。

这样难得的求学光阴，安静融洽的年轻情侣之间，虽然偶有争吵，然而彼此陪伴的日子，二人的感情也随时日渐长。可是，异乡的乡愁里，总笼罩着一股浓浓的沉重，这股沉重来自梁思成的母亲——李惠仙。她一如既往地不喜欢林徽因，甚至在她病重期间仍坦言，她至死都不会接受林徽因做她的儿媳妇。梁思成是个善良的人，也是个纯孝的人，一面是自己的母亲，一面是自己心爱的人，他夹在中间，左右为难。透过那薄薄的信纸和梁思成紧皱的眉头，林徽因感受到了前所未有的委屈和无助。在这场女人的战争里，她彷徨而无力，她甚至不知道自己错在哪里，该如何改变。

夹在中间的梁思成更多时候选择了沉默，林徽因知道他心底的难过。这时，同样难过的林徽因开始想起了那个为了她宁愿飞蛾扑火的男子，此刻，她突然怀念起徐志摩的决然。康桥的岁月、一起写诗的恣意飞扬，那年轻张扬的岁月让林徽因忍不住提笔给徐志摩写下一封信，其中一句这样写道：

"我的朋友，我不要求你做别的什么，这会儿只求你给我个快信。单说你一切平安，多少也叫我心安……"

在这封信里，林徽因写下了自己的心情，于徐志摩，于这场她无法回应的爱情，她是愧疚的，他为她所做的一切，她都铭记着。她也知道，自己欠他一个解释，既然无法相爱，那么，就用她的惦念回报他的深情吧！

徐志摩是多么聪明的一个人，收到林徽因的信时，他仿佛看到了泪眼盈盈的林徽因，他那拼命冷却的心也在瞬间被点燃了。回信？不！这太慢了！怎么能表达自己急切的关怀，对！发电报！发完电报，难掩心头的狂喜，又一次来到了发电处，只为快点给那人送去自己的回应。这一刻的心情，在诗人的手中化作了这一首直率的诗歌《拿回吧，劳驾，先生》：

拿回吧，劳驾，先生

啊，果然有今天，就不算如愿，
她这"我求你"也就够可怜！
"我求你"，她信上说，"我的朋友，
给我一个快电，单说你平安，
多少也叫我心宽。"叫她心宽！
扯来她忘不了的还是我——我，
虽则她的傲气从不肯认服；
害得我多苦，这几年叫痛苦
带住了我，像磨面似的尽磨！
还不快发电去，傻子，说太显——
或许不便，但也不妨占一点
颜色，叫她明白我不曾改变，

咳何止，这炉火更旺似从前！
我已经靠在发电处的窗前；
震震的手写来震震的情电，
递给收电的那位先生，问这
该多少钱，但他看了看电文，
只看我一眼，迟疑的说："先生，
您没重打吧？方才半点钟前，
有一位年轻先生也来发电，
那地址，那人名，全跟这一样，
还有那电文，我记得对，我想，
也是这……先生，你明白，反正
意思相像，就这签名不一样！"——
"唔！是吗？呃，可不是，我真是昏！
发了又重发；拿回吧！劳驾，先生"——

当徐志摩的电报漂洋过海而来时，委屈无奈的林徽因已经病倒了，发着高烧的她醒来之后看到守在她病床前，双眼布满血丝的梁思成。家中传来消息，母病危，速归。

梁思成知道，此刻的林徽因也离不开他，他艰难地选择了暂不回家，他默默照顾着生病的林徽因，想方设法做她爱吃的饭菜，每天送她不一样的鲜花。虽然他话并不多，但是他用自己的关怀温暖了林徽因那颗有些冰冷的心。

于是，她心中的天平彻底偏向了眼前的梁思成，她知道，眼前这个男人才是她一生的良人。她选择了暑假结束之后就和梁思成一起去宾夕法尼亚大学，她怀着自己多年的建筑梦，走进了宾大。

然而，入学不到一个月，梁思成就收到了他早就预料到却不愿接受的家书，他的母亲李惠仙去世了。这个无缘的老人，至死也没有等到自己的儿子，至死也无法接受自己的儿媳。梁启超在信中再三叮嘱不必回国奔丧，可是孝顺的梁思成却一直生活在痛苦的煎熬里。

看着悲痛欲绝的梁思成，林徽因十分心疼，这个大男孩一直陪在自己身边，给了自己最温暖的依靠。即使她任性胡闹，他也只是无限宠溺地笑笑。此刻，林徽因看着梁思成唇边的胡渣、深陷的眼窝，却什么也做不了，只能静静地守在他身边，无微不至地照顾着他。

梁思成还没有走出失去母亲的阴影，又一个晴天霹雳炸响，林徽因的父亲，年仅四十九岁的林长民在反奉战争中，被流弹击中，当场殒命。面对这样的噩耗，想起与父亲相处的点点滴滴，林徽因痛心不已，这一次，她又病了，发着高烧，甚至引发了肺炎。看着日渐憔悴的林徽因，梁思成不得不收拾起自己沉痛的心情，悉心地照顾着她。

悲痛之中的林徽因想到父亲一生清廉，家中并没有太多积蓄，又想到母亲、二娘以及家中其他弟弟妹妹，她决定放弃求学，回国照料家人。这时候，得知她决定的梁启超坚决阻止了她，并提出帮她照料家人，负担她求学的所有费用。想到梁启超的百般照料，看着眼前的梁思成，林徽因知道她与梁家注定牵扯不清了。她也累了，这么多年来，她都选择做个坚强的自己，这时候，面对梁启超和梁思成，她突然觉得自己也是个需要照顾的弱女子。1928年，相识多年亦相恋多年的林徽因与梁思成举办了婚礼。当一切尘埃落定，林徽因看着身边的梁思成，她感到心满意足。

而这时候的徐志摩也找到了自己新的"爱情"，他爱上了风情万种的陆小曼。如果说林徽因是一朵雅致的白莲，那么陆小曼就是一枝怒放的玫瑰。初相逢时，徐志摩还是那个愿意为了林徽因而不顾一切的人，陆小曼还是军官教授王赓的妻子。世俗中的两个人，如同徐志摩和林徽因一样，隔着千山万水。不同于林徽因的是，陆小曼同徐志摩一样，也是一个为了爱情不顾一切的人，爱上了便宁可"拼尽一生休，尽君一日欢"。正如当初的徐志摩为了林徽因，宁愿负尽天下人，宁愿抛下一切一样，遇上徐志摩的陆小曼，也做出了同样的选择。

陆小曼不顾一切同王赓离婚，甚至不惜堕下腹中自己的骨肉，哪怕医生警告她，如果坚持堕胎，她将很难再怀孕，或许会失去做母亲的机会，她也无怨无悔。她坚持堕胎，坚持离婚，坚持嫁给徐志摩。作为名门世家，陆小曼的家人也百般不情愿，可是耐不住体弱的女儿一日一日憔悴支离，终于无奈地同意。陆小曼的母亲吴曼华提出了两个要求：一、要请梁启超证婚，因为梁启超在全国负有名望，又是徐志摩的老师；二、要在北京北海公园图书馆的礼堂里举行婚礼。

徐志摩像是被注定了的情路坎坷，即使陆小曼不顾一切地为他离了婚，但是二人的婚姻之路同样困难重重。徐志摩的父亲徐申如为了阻拦儿子，也提出了三条苛刻的要求：一、结婚费用自理，家庭概不负担；二、婚礼必须由胡适做介绍人，梁启超证婚，否则不予承认；三、结婚后必须南归，安分守己过日子。

历尽磨难后，二人最终走到了一起，既然双方父母都希望梁启超做证婚人，那么身为老师的梁启超也只好勉为其难了。梁启超对徐志摩这个学生，一直有着格外深厚的情谊。他了解自己的学生，欣赏他的聪慧，可他也同样明白，多情将是他一生的牵绊。他终究是心疼自己这位得意门生，尽管百般不愿，可禁不住徐志摩的再三恳求，最终还是同意了为他们证婚。因此，他写下一份在历史上都非常著名的警诫式的证婚宣言：

"我来是为了讲几句不中听的话，好让社会上知道这样的恶例不足取法，更不值得鼓励——徐志摩，你这个人性情浮躁，以至于学无所成，做学问不成，做人更是失败，你离婚再娶就是用情不专的证明！

陆小曼，你和徐志摩都是过来人，我希望从今以后你能恪遵妇道，检讨自己的个性和行为，离婚再婚都是你们性格的过失所造成的，希望你们不要一错再错自误误人。

不要以自私自利作为行事的准则，不要以荒唐和享乐作为人生追求的目的，不要再把婚姻当作是儿戏，以为高兴可以结婚，不高兴可以离婚，让父母汗颜，让朋友不齿，让社会看笑话！

总之，我希望这是你们两个人这一辈子最后一次结婚！这就是我对你们的祝贺！——我说完了！"

事后，梁启超说"我平生演讲无数次，唯有这一次最为特别"。而徐志摩也说"我听了先生多少次课、谈话，唯独这次最刻骨铭心"。这样的证婚词史无前例、绝无仅有，带着梁启超对这位高徒的痛惜与无奈。

物是人非事事休

她不曾遗忘一丝毫发的卑微。难怪她笑永恒是人们造的谎,来抚慰恋爱的消失,死亡的痛。

那一天,梁思成像以往一样取来父亲的信,寻常一般,梁启超提到了徐志摩,提到了徐志摩与陆小曼不被祝福的婚姻,也写出了自己作为一位老师的用心良苦:

孩子们:

我昨天做了一件极不愿意做之事,去替徐志摩证婚。他的新妇是王赓夫人,与志摩恋爱上,才和王赓离婚,实在是不道德之极。我屡次告诫徐志摩而无效。我在礼堂演说一篇训词,大大教训一番,新人及满堂宾客无一不失色。今把训稿寄给你们一看,青年为感情冲动,不能节制,任意绝破礼防的罗网,其实乃是自投苦恼的罗网,真是可痛,真是可怜。徐志摩这个人其实很聪明,不过这次看着他陷于灭顶,还想救他出来,我也有一番苦心,老朋友们对于他这番举动无不深恶痛绝,我想他若从此见摈于社会,固然自作自受,无可怨恨,但觉得这个人太可惜了,或者竟弄到自杀，我又看着他找得这样一个人做伴侣，怕他将来痛苦更无限，所以对于那个人当头一棍，盼望他能有觉悟（但恐很难），免得将来把志摩弄死，但恐不过是我极痴的婆心便了……

不知道林徽因看到这一封信，得到这样一个消息会有怎样的情绪，她是理解徐志摩的，这个视爱情如生命的男人，是终于找到了自己心心念念的爱情吗？她不得而知，只是这样的消息，也许在她日渐平静的心湖里也曾荡起了涟漪吧，一如她写下的这首《无题》：

无题

什么时候再能有
那一片静；
溶溶在春风中立着，
面对着山，面对着小河流？

什么时候还能那样
满掬着希望；
披拂新绿，耳语似的诗思，
登上城楼，更听那一声钟响？

什么时候，又什么时候，心
才真能懂得
这时间的距离；山河的年岁；

> 昨天的静,钟声
>
> 昨天的人
>
> 怎样又在今天里划下一道影!

此刻的林徽因开始理解离别的沉重,开始承受死亡的悲痛,开始变得更加成熟、理智,即使心头涌起千层万层的波涛,脸上依旧波澜不惊。她是懂得徐志摩的,她知道徐志摩是用了怎样决绝的心去追随自己的自由和爱情。

时光流转,仿佛有些事早已注定,变幻莫测中,有悲有喜。林徽因知道,关于她和徐志摩的那条路已经被新的人写下了新的印记,转身之后,即天涯。她仍旧做她的绝世佳人,他自去做他的风流才子。正如林徽因后来写下的《谁爱这不息的变幻》:

谁爱这不息的变幻

> 谁爱这不息的变幻,她的行径?
>
> 催一阵急雨,抹一天云霞,月亮,
>
> 星光,日影,在在都是她的花样,
>
> 更不容峰峦与江海偷一刻安定。
>
> 骄傲的,她奉着那荒唐的使命:
>
> 看花放蕊树凋零,娇娃做了娘;
>
> 叫河流凝成冰雪,天地变了相;
>
> 都市喧哗,再寂成广漠的夜静!

> 虽说千万年在她掌握中操纵，
> 她不曾遗忘一丝毫发的卑微。
> 难怪她笑永恒是人们造的谎，
> 来抚慰恋爱的消失，死亡的痛。
> 但谁又能参透这幻化的轮回，
> 谁又大胆的爱过这伟大的变幻？

"永恒是人们造的谎，来抚慰恋爱的消失、死亡的痛。"幻化的轮回里，不息的变化中，命运的齿轮开始向着不同的方向渐行渐远。那一场始于康桥的青春之梦开始消失在世事的变换中。"谁爱这不息的变幻？"林徽因像是回答又像是自问，可是变化总是不期而至，所谓的永恒终会结束。与其无可奈何不如坦然接受，既然无法参透，就承认爱过。就像诗中的最后一句反问"谁又大胆的爱过这伟大的变幻？"

对于徐志摩而言，林徽因永远是他心底最温柔的挂牵，是心头的白月光，是难忘的朱砂痣。即使她已经嫁作他人妇，即使自己也已经另娶佳人，冒天下之大不韪地争取了另一段自己想要的爱情。可是这份牵挂，却一直都在，不会随着时间的流逝而浅淡，亦不会因为空间的远隔而淡却。

婚后的林徽因与梁思成双宿双栖，在平淡的流年里，用陪伴书写着彼此的爱情。二人一起攻读建筑学，一起回国，一起到东北大学执教，一起在白山黑水间平淡地度过生命中最绚丽的日子，这样的林徽因是幸福的。

可是再婚后的徐志摩就没有这般幸运了，最初的他的确收获了他想要的爱情。他和陆小曼琴瑟和谐，一起写下《爱眉小札》，花前月下地过着曾经向往着的生活。尤其是二人搬出老家，一起住在硖石的日子里，他们一起享受着"草香人远，一流清涧"的世外桃源光景。但好景不长，随着战事临近，这样的世外桃源也变成了镜花水月。

陆小曼和徐志摩一起回到了上海，在上海的纸醉金迷里，陆小曼又做回了那个长袖善舞的交际花。陆小曼体弱多病，加上徐家二老的拒绝接纳，二人之间的感情也开始有了嫌隙。在那些无奈的叹息间，陆小曼认识了翁端午，从此以后，她与徐志摩的误会更深了。

陆小曼在翁端午的怂恿下，吸食了鸦片。由于陆小曼的自甘堕落，徐申如对儿子和儿媳失望透顶，并断绝了对他们的经济帮助。百般无奈之下，徐志摩为了养家，不得不同时在光华大学、东吴大学、大夏大学三所学校讲课，课余时间还要不断赶写诗文，以赚取稿费。而陆小曼则将这绚烂的年华彻底荒废了，在熙攘的人群中、在喧闹的舞场里、在纷扰的宴会上、在缭绕的烟榻上、在翁端午的甜言蜜语里，将时光不经意地送走了。

陆小曼生来浪漫多情，她不甘寂寞，于是她在仍是王赓夫人的时候爱上了徐志摩。而此刻，忙碌的徐志摩虽然依旧浪漫柔情，但是他已经没有那么多时间和精力来和她花前月下了。于是，陆小曼又有了翁端午，一个可以陪她听戏、看她作画，甚至为她提供鸦片的男人。胡适曾说，"陆小曼是民国不得不看的一道风景"。可是，在烦琐的生活里，风景开始渐行渐远，徐志摩和陆小曼也开始渐行渐远。

看着萎靡的陆小曼，再也没有了往日的灵动，徐志摩痛悔难当。或是为了躲避这段早已变质的爱情，或许为生活所迫，又或许是想换个环境重新开始，徐志摩应胡适之邀，担任北京大学教授兼任北京女子师范大学教授。在自己北上的同时，徐志摩极力邀请陆小曼同行，幻想着两个人能在一个新的环境里有一方新的际遇。而陆小曼却不肯离开上海。

　　此时的林徽因也由于产后调养不当，再一次病倒了。听到林徽因病倒的消息，徐志摩原本平静的心立刻又揪紧了。梁思成是一个多么宽容温和的人，他劝不动妻子离校修养，竟然邀请徐志摩一起劝林徽因。

　　得到消息，徐志摩几乎是马不停蹄地放下一切急速赶到东北看望林徽因。看着被肺病折磨得面容憔悴的林徽因，徐志摩强压着自己心头的担忧感，仍然微笑着与林徽因谈诗论词，谈人生，谈往事，谈彼此的执教生涯，唯独没有再谈起，她和他。在徐志摩与丈夫的极力劝说下，林徽因不得不放下自己心爱的建筑事业，来到香山静养。

　　再次回到北京的林徽因感叹着物是人非，初次来到这座皇城，自己还是一个懵懂少女，在父亲的庇护下，过着不谙世事的生活。而如今，父亲已经作古，而自己也已为人妇、为人母。香山的景致仍像那年一样令人心醉，只是心中多了些许负担和沉重。

山中一个夏夜

山中一个夏夜，深得

像没有底一样；

黑影，松林密密的；

周围没有点光亮。
对山闪着只一盏灯——两盏
像夜的眼,夜的眼在看!

满山的风全蹑着脚
像是走路一样;
躲过了各处的枝叶
各处的草,不响。
单是流水,不断地在山谷上
石头的心,石头的口在唱。

均匀的一片静,罩下
像张软垂的幔帐。
疑问不见了,四角里
模糊,是梦在窥探?
夜像在祈祷,无声的在期望
幽郁的虔诚在无声里布漫。

在山中静养的林徽因写下这一首《山中一个夏夜》,她的诗歌比以前多了一份豁达,也多了一份沉重和忧郁,她再也不是那个不谙世事的少女了。经历了生命的生离死别,她不仅没有变得消沉,反而如同雨后的虹,更加绚烂夺目。

香山的岁月安静而平淡，陪伴林徽因的是她的母亲、丈夫还有孩子，他们一起住在香山的"双清别墅"。常来探望的亲友中，便有徐志摩，他时常来，像老朋友一样，带给病中的林徽因一股清冽的诗意，让她在病痛的折磨里，依然有着动人的笑容。他希望山中的那个人安好，希望他不要打扰到她，只是陪伴着她，看到她就好。不论如何的不打扰，徐志摩都希望能够亲眼看到林徽因的安好，加上他们之间向来深重的缘分，外界不免再次将二人的绯闻传得沸沸扬扬。

在山中的夏夜里，林徽因拖着病体，有着深不见底的伤感，也有着虔诚的祈祷。她希望自己，尤其是自己的家人能在这渐渐离乱的世间守住这份宁静。而来到山中的徐志摩也看到了这份静，他却希望自己能攀附月色，或化作一阵清风，守住山中的那个自己一心守护的人。他知道，不打扰她才是自己能给的、最后的温柔。所以他用轻柔的、如叹息般的问候为林徽因送上一份牵挂。不愿惊扰她的安眠，不愿打扰她的平静。

只要你过得好,就好

> 紫色山头抱住红叶,将自己影射在山前,人在小石桥上走过,渺小的追一点子想念。

尽管再相见已是物是人非,尽管两个人已经各自有了属于自己的家庭。徐志摩仍然惦记着此刻憔悴的林徽因,当然,宽厚的梁思成知道,此刻的林徽因对徐志摩只有朋友之情,他更知道,徐志摩对于林徽因只会发乎情、止乎礼。徐志摩和现在的他一样,只是希望林徽因能过得好,就好。然而陆小曼却并不做此想,她讽刺徐志摩去"伺候"生病的林徽因,她追问着徐志摩,要一个答案,于是徐志摩在给陆小曼的信中,这样写道:

"至于梁家,我确是梦想不到有此一着;况且此次相见与上回不相同,半亦因为外有浮言,格外谨慎,相见不过三次,绝无愉快可言。如今徽音偕母挈子,远在香山,音信隔绝,至多等天好时与老金、吴若等去看她一次。(她每日只有两个钟头可见客)。我不会伺候病,无此能干,亦无此心思:你是知道的,何必再来说笑我。"

面对这样的陆小曼，徐志摩仍然愿意温柔地与她解释，面对她的挥霍，他仍然愿辛苦去供养。徐志摩很累，他珍惜着山中可以看到林徽因的日子，但是他当然也知道，他与林徽因之间最好的结局就是如此了。

山中安静融洽的光阴让林徽因虽在病中，也难得拥有明媚欢快的时刻，疼爱自己的丈夫、咿呀学语的孩子、三五好友与山中雅致的景色一起，带给了林徽因久违的快乐。看着林徽因仍有病色却神采飞扬的面庞，徐志摩从心底为她高兴。此刻的他，的确是卑微到了尘埃里，只要看到她安好，他就无比知足了。在徐志摩的《山中》写后不久，林徽因也写了一首《山中》：

山中

紫色山头抱住红叶，将自己影射在山前，
人在小石桥上走过，渺小的追一点子想念。
高峰外云在深蓝天里镶白银色的光转，
用不着桥下黄叶，人在泉边，才记起夏天！

也不因一个人孤独的走路，路更蜿蜒，
短白墙房舍像画，仍画在山坳另一面，
只这丹红集叶替代人记忆失落的层翠，
深浅团抱这同一个山头，惆怅如薄层烟。

> 山中斜长条青影，如今红萝乱在四面，
> 百万落叶火焰在寻觅山石荆草边，
> 当时黄月下共坐天真的青年人情话，相信
> 那三两句长短，星子般仍挂秋风里不变。

在这样的山中，带着徐志摩的惦念，林徽因也有自己那"渺小的追一点子想念"的执拗，她记得"当时黄月下共坐天真的青年人情话"，那些过往她也都还记得。她不曾想到，多年之后，她还能和徐志摩这样坐在一起，回忆过去，细数当下，畅想未来。这段特殊的缘分，徐志摩与林徽因共同珍惜。

流言猛如虎，徐志摩很少单独去看林徽因，每次去，他都会约上林宣作陪，住的是香山的甘露旅馆。梁思成知道，徐志摩的到来能给病中的妻子带来些许快意，所以他每次都极尽地主之谊，旅馆费用都是他支付的。每一次去探望林徽因，林宣都是早上陪着徐志摩吃了早饭、去看林徽因，晚饭再回旅馆。

徐志摩没有辜负梁思成的希望，他的确为病中的林徽因带来了很多快乐，每一次来，他都会带着一些精挑细选的诗集给她，雪莱、拜伦、勃朗宁……这些沾染着旧时记忆的动人诗篇仿佛带着林徽因回到了那年的康桥，让她忘却了身边的纷扰，忘却了病痛。

他们热烈地讨论着诗，一起写着诗，在诗意的弥漫里，林徽因这恼人的肺病、烦琐的家事、徐志摩捉襟见肘的经济状况、陆小曼的挥霍无度，似乎都被遗忘了。

❀ 让我用轻柔的、如叹息般的问候，为你送上一份牵挂。

山间的春色与徐志摩一起打开了林徽因的心扉，徐志摩经常携友而来，给她带来惊喜。那一天，徐志摩像往常一样前来，只是带来的不再是林宣而是张歆海、张奚若夫妇。看到老友来了，林徽因兴奋得像个孩子，病中的脸庞涌起了一抹潮红。他们一起爬山，一起谈笑，一起聊起林徽因最近写的诗。那一天的林徽因格外兴奋，健谈的她不停地说着话。看着林徽因明媚的笑脸，徐志摩也欣慰地笑了。

这世上的事情总是这样奇妙，对于林徽因，求之不得，求不得，却始终是自己心头的白月光。对于陆小曼，求之已得，却倏然发现，自己得到的并不是那曾经无比渴望的。陆小曼很有才情，然而她的任性与挥霍无度却让徐志摩无从招架。徐志摩何尝不知道，鸦片不是陆小曼的解脱，而是套在他们夫妻身上最沉重的枷锁，可是，他却什么都做不了。路是自己选的，即使再艰难，也不能去怨恨，尤其是不能在林徽因的面前怨恨。

所以，在香山，不仅是林徽因快乐的日子，也是徐志摩难得轻松的日子。他暂时将那些烦恼都抛之于脑后，陪着林徽因养病，与她一同找回些许慰藉。诗歌还是曾经那些诗歌，诗人却不再是当年那个浪漫多情、不识人间愁苦的诗人了。可他的心是欢喜的，正如他给爱妻陆小曼的信中写道："至于梁家，我确是梦想不到有此一着"。

原本以为这一辈子都注定是天涯之远了，可是上天偏偏给了他们再次相聚的机会。谈诗词、谈梦想、谈文学、谈往昔，云淡风轻之间，相视一笑之间，二人甚至庆幸，由于当初没有不顾一切地在一起，因而此刻还能像朋友一样，像亲人一样，彼此惦念，将往事分享。

林徽因也知道徐志摩的难处，只是她不忍说破，她希望他能过得好。多年后，林徽因写下一首《冥思》：

冥思

心此刻同沙漠一样平，
思想像孤独的一个阿拉伯人；
仰脸孤独的向天际望
落日远边奇异的霞光，
安静的，又侧个耳朵听
远处一串骆驼的归铃。

在这白色的周遭中，
一切像凝冻的雕形不动；
白袍，腰刀，长长的头巾，
浪似的云天，沙漠上风！
偶有一点子振荡闪过天线，
残霞边一颗星子出现。

在孤独的世界里，在白色的周遭中，徐志摩携着过往的岁月而来，不是归人，亦不是过客。对于养病的林徽因来说，徐志摩是那残霞边的一颗星子，带给她一闪而过的光明，让她能够忘却忧愁，安心静养，这样的每一天都充满希望与期待。

在香山静养半年之后，林徽因的身体基本恢复，下山那天，徐志摩、沈从文和温源宁等人陪着梁思成去接她。看着林徽因恢复如常，徐志摩从心底为她感到高兴。可是当众人问起徐志摩近况时，诗人的憔悴支离又突然就突兀了起来。是的，徐志摩过得并不好，母亲去世，父亲和自己撕破了脸，他甚至都不让陆小曼戴孝，夹在中间的徐志摩不堪重负。此时的他孤身在北京，寄居在胡适家中，他拼命赚钱却仍然抵不住陆小曼的挥霍。

诗人再也不见当年的风貌，他的两鬓甚至已经开始霜染。他喜欢和这些老朋友们聚在一起，说说那些逝去的光阴，怀念那些如诗如画的年华。他的境遇也是大家心知肚明的，除了唏嘘，众人甚至找不到话来安慰他。林徽因看到当年意气风发的诗人在生活的重负下，变成如今的样子。作为好友，甚至可以说是知己，林徽因更找不到合适的话来安慰他。徐志摩自有徐志摩的骄傲，林徽因也有林徽因的思量。他们只能顾左右而言他，不说当下。为了赚取一份"中佣钱"，徐志摩不得不回一趟上海，他满怀歉疚地与林徽因道别。

或许林徽因也是心疼的，哪怕是为了那些过往，为了他所有的付出，为了他带给自己的那些诗意的光阴。她对徐志摩说："11月19日晚上，我会在协和小礼堂举办一场演讲，给外国使节讲中国的建筑艺术。"徐志摩笑着说："我一定会来参加！"

然而林徽因没有想到，这句话竟成了她和徐志摩的最后对话，她更不曾想到，从那以后，在这个世上，再也没有徐志摩了。

世上再也没有一个你

> 你来了，花开到深深的深红，绿萍遮住池塘上一层晓梦，鸟唱着，树梢交织着枝柯，——白云却是我们，悠忽翻过几重天空！

回到上海的徐志摩看到依然故我的陆小曼，满心沉痛。他们争吵，陆小曼听不进丈夫的劝说，她甚至将烟枪扔向了徐志摩，虽然没有砸到他，但是却打掉了徐志摩的眼镜，眼镜掉地碎裂的声音让那一刻仿佛静止了。徐志摩怎么也想不到，他们两人竟然走到了如此境地，他不能理解，陆小曼怎么就可以自甘堕落至此！他默默地捡起眼镜，对着兀自发疯的陆小曼说："我要走了，回北京去！"

陆小曼听到"北京"两字，想到此刻在北京养病的林徽因，便更加愤怒了，她忍下愤怒，问徐志摩："你打算怎么走？"

徐志摩笑道："坐飞机啊！你看人家雪莱，死得多么风流！"

听到这里，她看着满脸沉痛的丈夫，突然有一丝害怕，她说："你不要瞎说。"

徐志摩无奈地叹气道："你害怕我死吗？"

陆小曼当然怕，无论如何，她依然深爱着徐志摩，可是倔强的她依然嘴硬："怕什么？你死了我大不了做风流寡妇！"

一语成谶。

为了能够赶上林徽因的演讲，徐志摩选择了乘坐飞机。1931年11月19日早8：00，徐志摩搭乘中国航空公司"济南"号邮政飞机由南京北上，他要参加当天晚上林徽因在北平协和小礼堂为外国使者举办的中国建筑艺术演讲会。当飞机抵达济南南部党家庄一带时，忽然大雾弥漫，难辨航向。机师为寻觅准确航线，只得降低飞行高度，不料飞机撞上开山（现济南市长清区崮云湖街道办事处境内），当即坠入山谷，机身起火，机上人员（两位机师与徐志摩）全部遇难。

11月19日的那一场演讲精彩绝伦，林徽因的演讲让外宾领略了中国古建筑的美。掌声雷动间，林徽因却迟迟没有等来那个答应好来听她演讲的人。她的心头也隐隐起了不安，徐志摩是个重诺的人，尤其是对她，有求必应。

回到家中的林徽因仍是不安，她对梁思成说，徐志摩没有来参加我的演讲。梁思成惊讶道："他也没有来到这里！"他们给胡适打电话，胡适同样感到着急，四处打听徐志摩的下落。

在他们焦急地等待中，等来的却是徐志摩惨祸的新闻！

1931年11月20日，《北京晨报》的号外中刊登了关于《诗人徐志摩惨祸》的新闻：

"京平航空驻济办事所主任朱凤藻，二十早派机械员白相臣赴党家庄开山，将遇难飞机师王贯一、机械员梁壁堂、乘客徐志摩三人尸体洗净，

"再刺骨的寒,也比不上此刻心头的疼和冷!"

运至党家庄，函省府拨车一辆运济，以便入棺后运平，至烧毁飞机为济南号，即由党家庄运京，徐为中国著名文学家，其友人胡适由北平来电托教育厅长何思源代办善后，但何在京出席四全会未回。"

  天空下起了雨，初冬的雨冷冰冰地打在人们的脸上，混合着凛冽的风，夹杂着刺骨的寒。尽管如此，也比不上此刻众人心头的疼和冷！梁思成、金岳霖和张奚若三人一起赶往济南，在齐鲁大学会同沈从文、闻一多、梁实秋等人，并一同来到福缘庵。大病初愈的林徽因还有老人孩子需要照料，更何况这样的时刻，她出现在这里却是不合适。她只好含着泪，压抑着满心的沉痛，为徐志摩编制了一个希腊风格的小花环，送他最后一程。她哭着要求梁思成一定要带回徐志摩失事飞机的残骸。

  梁思成带着这个小小的花环和妻子的嘱托来到了徐志摩的追悼会现场。他安静地将徐志摩的遗照放在了妻子编制好的花环中。照片中的徐志摩那样年轻，意气风发，那明亮的眼中闪动着智慧的光芒。梁思成别过头去，尽管曾经有过误会和争执，甚至在外人看来他们是情敌，但此刻的梁思成的眼眶却湿润了，他强忍着自己的泪水，心中只有对这位朋友的痛惜。

  11月22日下午5时，徐志摩的长子徐积锴（张幼仪所生）和张幼仪的哥哥张嘉铸一起从上海赶到了济南，他们一起来护送徐志摩的遗体回沪。满心沉重的林徽因没有来，丧子之痛的徐申如没有来，一心牵挂的张幼仪没有来，甚至陆小曼也没有来。虽然没有亲自赶来，可是他们那彻骨的痛，那流不尽的泪，已伴着初冬的凛冽散落在每一个角落。

徐志摩在上海的追悼会被安排在了静安寺,前来吊唁的人络绎不绝,除了亲友,多数是年轻的学生,他们带着对老师的敬仰送别这位"中国的拜伦"。甚至有很多学生一起轻轻朗诵起了徐志摩的《再别康桥》:

"轻轻的我走了,正如我轻轻的来,我挥一挥衣袖,不带走一片云彩……"

北平的公祭设在北大二院的大礼堂中,由林徽因亲自主持安排,胡适、梁思成、周作人、杨振声等人协助她。文艺界纷纷为他写下挽联、挽诗和祭文,来缅怀这位早逝的诗人。

张幼仪为他写下:

"万里快鹏飞,独憾翳云悲失路;一朝惊鹤化,我怜弱息去招魂。"

张幼仪是悲痛欲绝的,无论如何,她都希望徐志摩能过得好,哪怕这份好与她无关,她也愿意。可是他就这样离去,在这世上,有无数的人,于张幼仪,却再也没有一个徐志摩!

爱妻陆小曼为他写下:

"多少前尘成噩梦,五载哀欢,匆匆永诀,天道复奚论,欲死未能因母老;万千别恨向谁言,一身愁病,渺渺离魂,人间应不久,遗文编就答君心。"

她是悔的、她是愧的、她亦是深爱着他的,哪怕争吵、哪怕互相伤害,她也希望自己永远是徐志摩的妻,可是那个宠爱着她的徐志摩,理解着她的徐志摩,甚至和她争吵的徐志摩却再也回不来了!

其父徐申如老先生含泪忍悲挽徐志摩联:

"考史诗所载,沉湘捉月,文人横死,各有伤心,尔本超然,岂期邂逅罡风,亦遭惨劫;自襁褓以来,求学从师,夫妇保持,最怜独子,母今逝矣,忍使凄凉老父,重赋招魂。"

这是一个白发人送黑发人的悲凉,他失去了妻子,如今又失去了儿子,也许会有龃龉,哪怕这个儿子一直让他操心,可是他愿意啊!然而,他的儿子却再也不会睁开眼,他那双明亮的双眸,再也不会和自己争吵了……

而蔡元培先生写下的挽联曰:

"谈话是诗,举动是诗,毕生行径都是诗。诗的意味渗透了,随遇自有乐土;

乘船可死,驱车可死,斗室坐卧也可死。死于飞机偶然者,不必视为畏途。"

将他的生,他的死写得清楚明白,是对徐志摩一生最好的概括。

对于徐志摩的死,林徽因一直恍惚,她凝视着客厅中梁思成捡回的飞机残骸,甚至都不敢相信,这世上,真的再也没有徐志摩了……

徐志摩死后,林徽因怀着悲痛的心情写下了散文《悼志摩》,四年之后,她又为他写下了《纪念徐志摩去世四周年》。尽管她极力否认,否认她对徐志摩的情,甚至否认徐志摩对她的情,可是这份深情却一直都在。

"十一月十九日我们的好朋友,许多人都爱戴的新诗人,徐志摩突兀的,不可信的,惨酷的,在飞机上遇险而死去。这消息在二十日的早上像一根针刺猛触到许多朋友的心上,顿使那一早的天墨一般地昏黑,哀恸的咽哽锁住每一个人的嗓子。

志摩……死……谁曾将这两个句子联在一处想过!他是那样活泼的一个人,那样刚刚站在壮年的顶峰上的一个人。朋友们常常惊讶他的活动,他那像小孩般的精神和认真,谁又会想到他死?"

徐志摩死后,林徽因时常陷入空想中,她总以为他还在,只要她一封信,只要她一个召唤,千山万水,他也会为她而来:

空想(外四章)

终日的企盼企盼正无着落,——
太阳穿窗棂影,种种花样。
暮秋梦远,一首诗似的寂寞,
真怕看光影,花般洒在满墙。

日子悄悄的仅按沉吟的节奏,
尽打动简单曲,像钟摇响。
不是光不流动,花瓣子不点缀时候,
是心漏却忍耐,厌烦了这空想!

你来了

你来了,画里楼阁立在山边,
交响曲,由风到风,草青到天!
阳光投多少个方向,谁管?你,我
如同画里人掉回头,便就不见!
你来了,花开到深深的深红,
绿萍遮住池塘上一层晓梦,
鸟唱着,树梢交织着枝柯,——白云
却是我们,悠忽翻过几重天空!

"九·一八"闲走

天上今早盖着两层灰,
地上一堆黄叶在徘徊,
惘惘的是我跟着凉风转,
荒街小巷,蛇鼠般追随!

我问秋天,秋天似也疑问我:

在这尘沙中又挣扎些什么,

黄雾扼住天的喉咙,

处处仅剩情绪的残破?

但我不信热血不仍在沸腾;

思想不仍铺在街上多少层;

甘心让来往车马狠命的轧压,

待从地面开花,另来一种完整。

藤花前

——独过静心斋

紫藤花开了

轻轻的放着香,

没有人知道……

紫藤花开了

轻轻的放着香,

没有人知道。

楼不管,曲廊不做声,

蓝天里白云行去,

池子一脉静;

水面散着浮萍,

水底下挂着倒影。

紫藤花开了
没有人知道!
蓝天里白云行去,
小院,
无意中我走到花前。
轻香,风吹过
花心,
风吹过我,——
望着无语,紫色点。

旅途中

我卷起一个包袱走,
过一个山坡子松,
又走过一个小庙门
在早晨最早的一阵风中。
我心里没有埋怨,人或是神;
天底下的烦恼,连我的
扰总,
像已交给谁去,……

> 前面天空。
> 山中水那样清，
> 山前桥那么白净，——
> 我不知道造物者认不认得
> 自己图画；
> 乡下人的笠帽，草鞋，
> 乡下人的性情。

这世上再也没有徐志摩，所有的想念都只是空想，即使行走，哪怕满院藤花开遍，或者走在陌生的旅途中，他们都不会再相遇。原来这一切都是真的，这场康桥梦，终于再不会醒来……

第三章

恩爱两不疑

你是人间四月天

相逢如初见

> 不妨多几次辗转,溯回流水,任凭眼前这一切撩乱,这所有,去建筑逻辑。

世间的女子那样多,每个人都有自己的风姿,每个人都曾给世间留下不一样的色彩。可是林徽因是不一样的,她是那样独立的存在,存在于这乱世之中,她的美如惊鸿般让整个时代都随之雀跃了。这个让诗人徐志摩歌颂了一辈子、眷恋了一辈子的女人,这个让才子金岳霖守候了一辈子、陪伴了一辈子的女人,她的美却为另一个人悄然绽放,他就是梁思成。

那年的林徽因十四岁,十四岁是怎样的时节呢?恰如春风拂过泸沽湖的温情脉脉。那是林徽因含苞待放的青春,笑靥尤胜花。那一年,林徽因遇上了梁思成,这个在后来与她相伴一生的人。十四岁的林徽因娉婷袅娜,她手执书卷,身染墨香,自信而自然地流露出满腹才情。

林、梁两家属于世交,加上民国的开放,世家男女的相识显得自然而然。在梁思成女儿梁再冰的《回忆我的父亲》中,就提到了这一场相亲似的相遇。书中写到的林徽因是这样的:

"门开了,年仅十四岁的林徽因走进房来,父亲看到的是一个亭亭玉立却带着稚气的小姑娘,梳着两条辫子,双眸清亮有神采,五官精致有雕琢之美,左颊有笑靥,浅色半袖衫照在长仅及膝的黑色长裙上;她翩然转身告辞时,飘逸如一个小仙子,给父亲留下了极深刻的印象。"

从这样的描述中,我们可以看出,林徽因有着遗世独立的、精灵般的气质,或许相亲是俗套的,但不俗的是林徽因,无论在怎样的场景中相遇,梁思成都注定为她心动了。情窦初开的年纪,每个男孩心中都有这样一个少女,她站在那里,就将所有的美都凝聚,她翩然离开,就带走了所有的景致。于梁思成,只是一眼,就确定了,她便是自己愿意用一生陪伴的人。

林徽因的美是无法隐匿的,十四岁的她让梁思成一见倾心,自然,在剑桥留学的岁月,爱慕林徽因的人更是如过江之鲫。但是林徽因爱上了徐志摩,爱上了如烟花般绚烂的徐志摩,以及这一场如诗如画的情事。

烟花再美终究要熄灭,"好防佳节元宵后,便是烟消火灭时"。一场烟花燃尽,最终只剩一地残雪。徐志摩是在海外寂寞时节不经意间闯入林徽因心房的一个过客。也许爱过,也许只是欣赏,但是林徽因自始至终都明白,徐志摩从来不是她的良配。所以,在那一场看似盛大的爱情里,林徽因只是一个逃兵。她的归人已经在等候她的归来了,灯火阑珊处,默默等候的那个人,是梁思成。

林、梁两家的姻缘早已定下,梁思成与林徽因的联姻是两个家族的约定,可是深情的梁思成却仍然给了林徽因自己选择的机会,她的纯净美好是他最珍视的。他从来不愿一场无爱的婚姻禁锢她绝世的美好,所以他愿意等,等她回首,看见自己内心的赤诚。

有的人从相遇的那一刻起,就住在了心里最柔软的角落,不论是感动也好,回首也好,梁思成等来了林徽因,他一生的挚爱。十四岁那年,林徽因笑靥翩然,他们用一场相遇锁定了彼此的一生。从此以后,山高水阔,有梁思成的地方,就有林徽因。多年之后的林徽因写下一首《展缓》:

展缓

当所有的情感

都并入一股哀怨

如小河,大河,汇向着

无边的大海,——不论

怎么冲急,怎样盘旋,——

那河上劲风,大小石卵,

所做成的几处逆流

小小港湾,就如同

那生命中,无意的宁静

避开了主流;情绪的

平波越出了悲愁。

停吧,这奔驰的血液;

> 它们不必全然废弛的
> 都去造成眼泪。
> 不妨多几次辗转，溯回流水，
> 任凭眼前这一切撩乱，
> 这所有，去建筑逻辑。
> 把绝望的结论，稍稍
> 迟缓，拖延时间，——
> 拖延理智的判断，——
> 会再给纯情感一种希望！

有一种情感细腻温和，需要时间慢慢展缓，林徽因的温和从容中带着尖锐、深刻，她聪明理智，而梁思成就是那个愿意包容她一切的人。即便时间展缓，即便被理智的判断所拖延，在经历了人生的起起落落之后，林徽因终于明白，梁思成的怀抱将是她永远停驻的港湾。

再次相遇已经是三年后，林徽因结束欧洲游学，回到北京，与父亲分别之后的林徽因被梁启超接去。这时候，梁思成出现了，他专门为林徽因而来。三年的分别从来没有让梁思成忘记那个曾经娉婷如精灵般的少女。再次相遇，两个人之间仿佛相识多年的老友，一起谈论各自的学业、理想。当林徽因神采飞扬地讲起自己的建筑梦想，迷茫的梁思成仿佛也看到了自己一生的追求。他当即做了两个决定：第一，他要学习建筑，并把建筑作为自己一生的事业；第二，他要追求林徽因。

这是梁启超乐见其成的，他早就和老友林长民定下婚约，可是他更愿意看到的是两个孩子情投意合。父母留意，彼此相识，互相了解，相知相爱，最后走向婚姻的归宿，这就是这位维新派革命者为儿子划定的理想的婚姻之路。

林徽因并没有拒绝梁思成的追求，她对这个温和宽厚的男孩子也有好感，而且父亲与梁启超定下的婚约，她也有所耳闻。当然，与和徐志摩在一起需要背负的心理压力相比，他们年纪相当，加上父母的乐见其成，他们之间的感情虽然比不上徐志摩的情深如许，却也浓淡相宜。

他们在一起谈论诗歌哲学，谈论梁思成国内的际遇，谈论林徽因海外的见闻。林徽因健谈，梁思成善于引导话题，所以他们之间总有说不完的话。当然，离婚之后的徐志摩也从来没有放弃过对林徽因的追求。可是宽厚的梁思成却从来没有任何激烈的言辞。他只是在徐志摩"明目张胆"的"骚扰"中，安静地挂出一句"Lovers want to be left alone"。"谦谦君子，温润如玉"，或许梁思成就是这样的人，他温润地守候着林徽因，给她他能给的最好的陪伴，却从不苛求她。

也许林徽因的感情天平有过倾斜，在康河的柔波里，在徐志摩的诗意中，她有一瞬间会想到和这个浪漫的诗人天长地久。可是在梁思成遭遇那一场劫难之后，林徽因就开始对这个宽厚的少年死心塌地了。梁思成是个温润的君子，也是位爱国的勇士。

1923年"五七国耻日"那一天，梁思成和他的同学走上街头，游行呐喊，以期唤起更多和他一样爱国的灵魂。不幸的是，在经过长安街的时候，他和弟弟所骑的摩托车被迎面而来的大货车撞翻，梁思成和弟弟被重重地甩了出去。

❀ 年轻的时候，我们选择或者放弃，以为只不过是一个人，其实要很久以后才明白，这其实就是我们的一生。

当消息传往林家的时候，那个一向冷静自持的林徽因突然发现自己的心头涌起了不安，甚至恐慌。她从来没有想到，她已经将自己的一生和那个笑容温和的少年绑在一起了。林徽因在第一时间来到了医院，像一位妻子般照料着受伤的梁思成。经过三次手术的梁思成终于出院，林徽因带着鲜花亲自来接他，这次意外让林徽因看清了自己的心。她或许没有忘记徐志摩，没有忘记康河的柔波，可是她选择了"还将旧来意，怜取眼前人"。林徽因眼中的柔波让病愈的梁思成感到了一种来自心底的温暖。

有一种女人身上总带着一股让人幸福的力量。从林徽因身上，梁思成感受到的就是这一股让他幸福而安定的力量。也许无法唱和喜爱的诗歌，也许没有动人的情话，可是两个人在一场劫难之后，却发现彼此是自己稳稳的幸福。

有时候，一瞬间就决定了一生。年轻的时候，我们选择或者放弃，以为只不过是一个人，其实要很久之后才能明白，这其实就是我们的一生。这一次，林徽因选择了梁思成，选择了用一生和他牵手相伴。

那一年绮色佳的枫叶一定美好得一塌糊涂，才能配得起这沉浸在幸福中的小情侣。1924年，在一切纷扰结束之后，梁思成和林徽因携手来到康奈尔大学留学。和每一对这个年龄段的情侣一样，他们会幸福甜蜜地争吵，会矫情地在对方的宠溺里活得像个孩子。那么久以来，林徽因甚至活得不像自己，她总是活在别人的期待里，活在"懂事"的桎梏里。而在梁思成面前，她可以卸下面具，可以放下一切沉重的包袱，自在地活出最真实的自己。

正如未来小叔子梁思永的调侃："林小姐千妆万扮始出来，梁公子一等再等终成配。横批是：诚心诚意。"少年的心事，这一路的陪伴，都是源自梁思成的"诚心诚意"，他用这一世的真诚爱着、守护着林徽因。

即使母亲和大姐百般刁难，梁思成依然守护着林徽因，很难想象这样一个温和而纯孝的人会违逆母亲的心意，大概是因为真的爱着吧！在母亲病危的时候，父亲梁启超千叮咛万嘱咐，不必回来。恰在这时候，林徽因也生了病，聪慧如林徽因，她理解梁思成的纯孝，也知道梁家母亲并不喜欢自己，她只是问梁思成："你什么时候回去！"

而梁思成只是淡淡地回答她："已经拍了电报，不回去了。"

轻描淡写，但是彼此都理解对方心里的翻云覆雨，梁思成就这样安静地守着林徽因，总归是感动的，即使见识过更浓烈的爱情，在长情的照料和陪伴中，林徽因开始意识到，梁思成是她一生的良偶。

梁思成母亲病逝的阴霾还未散尽，死亡的沉重再次袭来，这一次，是林徽因的父亲——林长民。这个儒雅的男人，这个奋斗的战士，这个为革命高呼了一生的志士，死在了战场上。当父亲的死讯传来，难以想象，林徽因会难过成什么样子。家里的顶梁柱倒了，父亲一生清廉，家中积蓄并不多，还有母亲、二娘以及幼弟、幼妹，林徽因想到了放弃学业，回国继续父亲的责任。

这时候的梁启超想到了林徽因的困境，他叮嘱儿子要照顾林徽因，自己不仅会负担她所有的学费，还会帮忙照料她的家人。这样深厚的情谊让林徽因更加清楚，自己的这一生，注定与梁家牵扯不清了。爱情是两个人之间的小事，而婚姻则是两个家庭的大事，思忖之后，林徽因决定了自己的婚姻，做了一生一世一双人的抉择。

一生只问这一次

> 我情愿化成一片落叶，让风吹，雨打到处飘零；或流云一朵，在澄蓝天，和大地再没有些牵连。

林徽因早就过了爱做梦的年纪，她也许会有短暂的不理智的情绪，可她始终深知自己想要的是什么。她的爱，理智而执着。

那一年的康桥美得那样不真实，只能停留在远去的梦里了。在梁思成宠溺的爱慕里，尽管没有太多的言语，却清晰厚重，这样的爱情与婚姻才是她想要的。

不同于飞蛾扑火的陆小曼，美成民国时期的一朵罂粟；林徽因恰如一株莲灯，亭亭而立，守得住初心，看得清现在，握得了未来。有时候，与她相亲相爱的梁思成也不够了解眼前这个女人。追求林徽因的人那样多，自己在其中显得微不足道，在婚约面前，梁思成甚至会手足无措。

尘埃落定的时候，林徽因和梁思成心中百感交集。或许是经历了生死，或许是因为父亲的期望，无论如何，在梁启超夫人去世之后，唯一一个反对林徽因嫁入梁家的梁家长女——梁思顺，也终于愿意给这对新人送上最诚挚的祝福。

志同道合的梁思成与林徽因在相伴学习中情愫更深。林徽因信马由缰的手稿总能在梁思成的笔下变成精确的建筑。梁思成缜密的思维也会在林徽因灵动的文字中被赋予灵魂。这份心有灵犀,大概像那一年的李清照与赵明诚吧,或许梁思成比赵明诚更多了几分沉稳与幸运。相似的人会在一起欢闹,互补的人适合在一起到老。对于梁思成和林徽因而言,彼此就是二人互补的另一半。

1927年12月18日,林徽因与梁思成正式订婚,按照中国的传统礼仪、礼节,梁启超事事亲力亲为,爱子之情在这样一场忙碌的婚礼中体现得淋漓尽致。而失去父亲的林徽因则由姑父卓君庸代为执行相关的礼仪。

1928年3月21日,梁思成和林徽因在姐姐梁思顺以及姐夫周希哲的主持下,在中国驻加拿大古老的领事馆里举办了婚礼。林徽因穿着自己亲手设计的嫁衣——一件中西合璧的"凤冠霞帔",挽着身边一身西装的梁思成,走进了婚礼的殿堂。

整个婚礼只有浓浓的情谊和祝福,长姐梁思顺对未来弟妹的那一点龃龉在此刻也化作了对父亲的尊重和对弟弟的祝福。她和丈夫——中国驻加拿大领事周希哲是这次婚礼的操办者。从婚礼的流程到费用,梁思顺事事亲力亲为,思虑周全。而周希哲则在操劳之余还承担了牧师的角色,他穿着笔挺的西装,凝视着眼前这对璧人,庄重地宣告着神圣的证婚词。

两声清脆的"我愿意"回荡在领事馆的上空,这一对情侣完成了对彼此一生的承诺。正如林徽因诗中写的:

情愿

我情愿化成一片落叶,
让风吹雨打到处飘零;
或流云一朵,在澄蓝天,
和大地再没有些牵连。

但抱紧那伤心的标帜,
去触遇没着落的怅惘;
在黄昏,夜半,蹑着脚走,
全是空虚,再莫有温柔;

忘掉曾有这世界;有你;
哀悼谁又曾有过爱恋;
落花似的落尽,忘了去
这些个泪点里的情绪。

到那天一切都不存留,
比一闪光,一息风更少
痕迹,你也要忘掉了我
曾经在这世界里活过。

这一首诗，发表于1931年，林徽因与梁思成婚后的第四年，四年的时光足以让很多心情沉淀，这里的"情愿"是作者自己的选择。情愿地忘却和情愿地选择。"我愿意！"我愿意为你洗手做羹汤，做你身边贤惠的妻，为了你我情愿忘掉我的世界曾经出现的那个人，当然，我也希望他能忘了我。不用告别，我和我的过往已经结束，终于宣誓，我和你的未来已经到来！

成婚的那一夜，凤冠霞帔的林徽因脸上有着新嫁娘的娇羞，美得好像是一幅最浓郁的江南水墨画。春风十里，最美嫁衣，最美不过此刻的新娘。沉醉其中的梁思成突然有一瞬间的不真实感，他觉得这一切太过美好，所以他忍不住问了："这一生我只问这一次，为什么是我？"

错愕之后的林徽因轻启朱唇，带着清露般的微笑："这个答案很长，需要我用一生来回答，你准备好听了吗？"

从来没有想到会是这样的答案，梁思成沉醉在林徽因的柔情里，两个人默默地将对彼此的守护，变成了一生的主题。一生只问这一次，所以林徽因也选择了用一生来回答。很多人都愿意许下一生一世的诺言，一生有时候会很长，而且这一生会有很多意外袭来，在最浓情的时刻，谁又能不想到一生一世呢？

周围的忙碌里，林徽因自然也是幸福而甜蜜的，自己的一生有所归宿，是自己也是太多人的期盼。温馨而盛大的婚礼中，甜蜜而微妙的幸福里，林徽因想到了太多。她想到了一生不幸的母亲，想到了深爱自己的父亲，想到了自己新婚的丈夫，想到了宠爱自己如亲生女儿的公公，也想到了那个和自己再也不会有交集的徐志摩。

正如这首《那一晚》中写到的："你和我分定了方向，两人各认取个生活的模样。"此时的徐志摩已经有了陆小曼，一个愿意和他一起为爱燃烧的女人。而林徽因也有了梁思成，一个愿意与她执手到老的男人。从此以后，你有你炽热的爱情，我有我温暖的家庭，也许有一天心头会掠过瞬间的花影，也许会记住曾经被彼此闯入的边界。

那一晚

那一晚我的船推出了河心，
澄蓝的天上托着密密的星。
那一晚你的手牵着我的手，
迷惘的星夜封锁起重愁。
那一晚你和我分定了方向，
两人各认取个生活的模样。

到如今我的船仍然在海面飘，
细弱的桅杆常在风涛里摇。
到如今太阳只在我背后徘徊，
层层的阴影留守在我周围。
到如今我还记着那一晚的天，
星光、眼泪、白茫茫的江边！
到如今我还想念你岸上的耕种：
红花儿黄花儿朵朵的生动。

那一天我希望要走到了顶层，
蜜一般酿出那记忆的滋润。
那一天我要挎上带羽翼的箭，
望着你花园里射一个满弦。
那一天你要听到鸟般的歌唱，
那便是我静候着你的赞赏。
那一天你要看到零乱的花影，
那便是我私闯入当年的边境！

　　属于林徽因和徐志摩的"那一晚"早已过去，"那一晚你和我分定了方向，两人各认取个生活的模样"，你有你的未来，我有我的方向，无论如何，我都不会再回头，因为我已经找到了我真实而温暖的依靠。诗中回忆着那一晚，这是林徽因的记忆，也是她的选择。

　　回忆起和梁思成自相识以来的点点滴滴，想起那些一起走过的日子，甜蜜的争吵，温柔的陪伴，林徽因的嘴角微微上扬。他们一同享受着生命中简单的快乐，一起面对过最难过的失怙岁月。那些属于他们的过往，两人一定都记得，也一定会选择珍惜这来之不易的幸福。

　　婚后的林徽因和梁思成依旧为自己的学业忙碌。1927年，林徽因结束了宾夕法尼亚大学的学业，并获得了美术学士学位。四年的课程已完成，林徽因转入了耶鲁大学戏剧学院，继续学习舞台美术，成为我国第一位在国外学习舞美的学生。这一年2月，梁思成也完成了宾大的课程，获得建筑学士学位并转入哈佛大学研究生学院，继续自己的学业。

像是水到渠成一样，林徽因嫁给了梁思成。看过了太多的悲欢离合，林徽因明白，婚姻需要的并不仅仅是一时的激情，而是一生的包容。梁思成淳厚的微笑就是她想要的、一生的包容。这世上有一个梁思成，在繁华落尽的时刻，在蓦然回首中，一直守在林徽因身边，于林徽因而言已经足够。

时代的硝烟中，两个人沉浸于新婚的甜蜜中，他们有时候会争吵、会闹别扭，会说只有两个人才懂的情话。有人质疑过林徽因与梁思成之间的爱情，因为婚后的二人并不像戏文里唱的"举案齐眉，相敬如宾"。可是，婚姻恰如鞋子，合不合适只有脚知道。民国时期流行一句话："文章都是自己的好，老婆都是别人的好。"而梁思成却说："文章是老婆的好，老婆是自己的好。"这样旁若无人的"恩爱"，谁又能说他们不相爱？

每个人对幸福都有自己的定义，而林徽因与梁思成幸福的样子就是"在一起"。

一生只问这一次，那么，就用一生来回答好了。梁思成遇见林徽因是命中注定的相遇，是一场举案齐眉的爱情，是一生相扶相持的婚姻。也许会争吵，甚至会疲惫，或许有那么一瞬间还会后悔，可是这一生，他们都清楚，彼此是对方最需要也最珍重的另一半。

那些行走在路上的日子，他们互相扶持，彼此陪伴。有彼此的地方，无论什么时刻，什么境遇，都会感觉到来自心底的安宁。他们一起走过了山山水水，春夏秋冬，走过了一个又一个年关。林徽因喜欢用她细腻的笔触记录，梁思成愿意用他坚实的肩膀承担。正如林徽因的这首《年关》：

年关

哪里来,又向哪里去,
这不断,不断的行人,
奔波杂遝的,这车马?
红的灯光,绿的紫的,
织成了这可怕,还是
可爱的夜?高的楼影
渺茫天上,都象征些
什么现象?这噪聒中
为什么又凝着这沉静;
这热闹里,会是凄凉?

这是年关,年关,有人
由街头走着,估计着,
孤零的影子斜映着,
一年,又是一年辛苦,
一盘子算珠的艰和难。
日中你敛住气,夜里,
你喘,一条街,一条街,
跟着太阳灯光往返,——
人和人,好比水在流,

人是水,两旁楼是山!

一年,一年,
连年里,这穿过城市
胸膊的辛苦,成千万,
成千万人流的血汗,
才会造成了像今夜
这神奇可怕的灿烂!
看,街心里横一道影
灯盏上开着血印的花
夜在凉雾和尘沙中
进展,展进,许多口里
在喘着年关,年关……

　　那些风尘仆仆的岁月,那些山高水远的日子,总会浮现在林徽因的脑海。那时候的时局已经不稳,两个人不仅要面临自然气候的恶劣变化,更要面对战乱随时会袭来的危险。

　　有一种爱情犹如信仰,无论如何都不会被辜负。在夜以继日的陪伴中,林徽因和梁思成可以在彼此面前做最真实的自己,梁思成用他婚后所有的耐心与温柔践行了对林徽因的爱,而林徽因也用这样不离不弃的陪伴书写了她一生的回答。

爱上两个人

> 相信我的心里留着有一串话,绕着许多叶子,青春的沉静,风露日夜,只盼五月来开花!

林徽因此生,有三个男人不得不提:一个是给了她一段朦胧如梦幻般初恋的人——徐志摩,一个是给了她恩爱不疑安稳幸福的人——梁思成,而还有一个则是用心守护着"友达以上,恋人未满"的"人与人关系于最美最崇高的境界"的"知己"——金岳霖。

金岳霖与林徽因相识于她和梁思成婚后,介绍人正是热情的徐志摩。金岳霖曾经是徐志摩与张幼仪离婚的见证人,也是他与陆小曼婚礼的伴郎。所以,他是这个多情诗人的至交好友。

能够让徐志摩这个多情诗人痴情无比的女人自然会引起金岳霖的好奇,而面对诗人热情的追求仍能保持初心、冷静自持的女子更值得他关注。林徽因早就在他的心里有了一席之地,在她还不知道他是谁的时候。

从沈阳回到北平的林徽因与梁思成最终定居于北京总布胡同三号,而金岳霖则住在隔壁的北总布胡同二号。此后的金岳霖选择了一生"择林而居",甚至逝世后,坟墓仍然"择林而居"。只要自己可以选择,金岳霖就愿意住在林徽因的不远处，像朋友一样聆听她，像亲人一样照料她。

金岳霖是位哲学家，也是位逻辑学家，所以他的思维会与常人不同。总体而言，他是一个非常"有趣"的人。

辛亥革命之前，金岳霖考进清华大学，民主革命爆发之后，学生都剪辫子，金岳霖也不例外，他甚至写下了一首俏皮的打油诗："辫子已随前清去，此地空余和尚头。辫子一去不复返，此头千载空悠悠。"后来，金岳霖留学美国，听说了国内的袁世凯复辟，真性情的他甚至为此大哭一场。他留学期间先在宾夕法尼亚大学，然后又到了哥伦比亚大学研究院。他交友广阔，曾与胡适一起发起中国自由主义者同盟，还和张奚若、徐志摩出刊《政治学报》，他甚至是《新乐诗刊》的座上宾。在美国留学六年之后，他又转道英国学习西方哲学，后来又用了三年时间在欧洲大陆游学。金岳霖兴趣广泛，博学广知，学成归来的他回到清华大学，并创办了清华大学哲学系。

相识之后，金岳霖与林徽因大有相见恨晚之感，金岳霖祖籍是浙江，林徽因也出生于浙江。共同的游学经历，加上都毕业于宾夕法尼亚大学，又有共同的好友徐志摩，所以他们之间有无数共同话题可以探讨。

作为一名建筑学家，林徽因还是一位诗人，是中国近代文学史上不得不提的一位文人，而金岳霖虽然对文学也有着非比寻常的热爱，却并没有进行太多创作。他将自己的文学素养留在了文学欣赏上，所以他是诗人徐志摩的至交好友，也是林徽因文学创作生涯里最忠实的读者。

林徽因和金岳霖会彼此欣赏是必然的。两个人相似的经历让他们像熟识多年的好友。林徽因聪明大方，游历西方却没有沾染西方的过多习气。金岳霖幽默沉稳，他热爱西方文化也深深眷恋着故土家园。这样的林徽因让金岳霖仿佛看到另一个自己，这样的金岳霖让林徽因找到了久违的知音。

他们彼此欣赏，林徽因在给费慰梅的信中这样描述金岳霖：

"我们亲爱的老金，以他具有特色，富有表现力的英语能力和丰富的幽默感，以及无论遇到什么都能处变不惊的本领，总是在人意想不到的地方为朋友们保留一片温暖的笑。"

这样的温暖对于林徽因来说，实在是太难得了。她穿梭于生活的琐事里，忙碌于她和梁思成共同的建筑事业中，她太需要一份真实的温暖来体贴她疲惫的心。而对于金岳霖而言，无论何时何地的林徽因都是美好而动人的。在他给好友费正清的信中，说病中憔悴的林徽因"仍然是那么迷人，活泼富于表情和光彩照人，我简直想不出更多的话来形容她"。

不同于徐志摩的爱恋，金岳霖爱的是真实的林徽因，林徽因后来说起，徐志摩对她的爱，她说，徐志摩当时并不了解她，他所追求的与其说是真实的她，不如说是他心中理想化和诗化了的人物。可是金岳霖不一样，他择"林"而居，他见过林徽因顾盼生辉的样子，也见过和梁思成争吵不休的林徽因，甚至公正地为他俩做评判。他还见过林徽因病中憔悴不堪的样子，只是不论什么样子的林徽因在金岳霖的心中都是迷人的，令他心醉，也令他心疼。正如叶芝的诗《当你老了》：

当你老了

当你老了,

炉火旁打盹,请取下这部诗歌,

慢慢读,回想你过去眼神的柔和,

回想它们昔日浓重的阴影;

多少人爱你青春欢畅的时辰,

爱慕你的美丽,假意或真心,

只有一个人爱你那朝圣者的灵魂,

爱你衰老了的脸上痛苦的皱纹;

垂下头来,在红光闪耀的炉子旁,

凄然地轻轻诉说那爱情的消逝,

在头顶的山上它缓缓踱着步子,

在一群星星中间隐藏着脸庞。

 于林徽因,金岳霖就是那个爱她"苍老了的脸上痛苦的皱纹"的那个人,他的爱情坦率真挚,如同他的为人。尽管林徽因已婚,他仍然会说出自己心中的爱慕。面对这样深情的男人,冷静自持的林徽因也忍不住动心。只是两个人,确切地说,是三个人,都是心胸坦荡的人,事无不可对人言。

 林徽因去世之后,梁思成续弦了林洙,她对这段情感纠葛这样写道:

"我曾经问起过梁公,金岳霖为林徽因终生不娶的事。梁公笑了笑说:'我们住在总布胡同的时间,老金就住在我们家后院,但另有旁门出入。可能是在1931年,我从宝坻调查回来,徽因见到我哭丧着脸说,她苦恼极了,因为她同时爱上了两个人,不知怎么办才好。她和我谈话时一点不像妻子对丈夫谈话,却像个小妹妹在请哥哥拿主意。听到这事我半天说不出话,一种无法形容的痛苦紧紧地抓住了我,我感到血液也凝固了,连呼吸都困难。但我感谢徽因,她没有把我当一个傻丈夫,她对我是坦白和信任的。我想了一夜该怎么办?我问自己,徽因到底和我幸福还是和老金一起幸福?我把自己、老金和徽因三个人反复放在天平上衡量。我觉得尽管自己在文学艺术各方面有一定的修养,但我缺少老金那哲学家的头脑,我认为自己不如老金,于是第二天,我把想了一夜的结论告诉徽因。我说她是自由的,如果她选择了老金,祝愿他们永远幸福。我们都哭了。当徽因把我的话告诉老金时,老金的回答是:看来思成是真正爱你的,我不能去伤害一个真正爱你的人。我应该退出。从那次谈话以后,我再没有和徽因谈过这件事。因为我知道老金是个说到做到的人。徽因也是个诚实的人。后来,事实也证明了这一点,我们三个人始终是好朋友。我自己在工作上遇到的难题也常去请教老金,甚至连我和徽因吵架也常要老金来仲裁,因为他总是那么理性,把我们因为情绪激动而搞糊涂的问题分析得一清二楚。'"

故人已经作古,我们无法考究这段文字的真实性,我更愿相信,真有这样一段往事在其中。

甚至亲近如梁思成都说，金岳霖才是最懂林徽因也是最爱林徽因的人。其实，能说出这样话的梁思成也是深爱林徽因的人。他爱到愿意给林徽因一切，包括选择的自由，包括成全。我得到你，是天真的欢喜，像是孩子拿着树叶当纸币。可是，我更愿意成全你，只要你能过得好，只要你能真正幸福。那一年又一年的岁月里，陪伴在林徽因身边不离不弃的梁思成，这样深情的爱，令人动容，正如金岳霖送给他们夫妇的对联"梁上君子，林下美人"。

面对这样真挚的守候，林徽因应该也是动心的，然而无论怎样动心，对于林徽因来说，都像她诗中写的，只是一串疯话而已：

一串疯话

好比这树丁香，几枝山红杏，
相信我的心里留着有一串话，
绕着许多叶子，青春的沉静，
风露日夜，只盼五月来开开花！

如果你是五月，八百里为我吹开
蓝空上霞彩，那样子来了春天，
忘掉腼腆，我定要转过脸来，
把一串疯话全说在你的面前！

如果金岳霖是温暖的五月，八月才为林徽因吹开，即使美好而深情

❀ "多少人爱你青春欢畅的时辰,爱慕你的美丽,假意或真心,只有一人爱你那朝圣者的灵魂,爱你衰老了的脸上痛苦的皱纹。"

也只能道一句相见恨晚。如果两个人早早相遇，如果两个人之间不曾隔着同样深爱着林徽因的梁思成，那么林徽因和金岳霖的结局大概会不一样。只是这世间，哪有如果，所以他们两个人，注定错过。同样坦荡的三个人，即使有过这样的过往，他们仍能光明磊落地相处，做邻居、做挚友，甚至做没有血缘的亲人。林徽因和梁思成的孩子称金岳霖为亲爱的"金爸"，他是太太的客厅中主人般的客人。所以林徽因愿意为金岳霖说一串疯话，任性一次，告诉梁思成她"爱上两个人"，这样"忘掉腼腆"的林徽因与金岳霖之间注定没有结果。

战乱时期，大家离开北平来到昆明郊区，金岳霖仍旧"择林而居"，住在林徽因与梁思成的隔壁。金岳霖在他们的新房旁添盖了一间耳房，依旧只是一墙之隔。实在不能做邻居的时候，一到假期，金岳霖还是会到林徽因家中居住。正如金岳霖自己说的："一离开梁家就跟丢了魂一样。"

抗战结束后，三人陆续搬回北平，住进了清华园的新林院，他们仍然坚持做邻居，直到新中国成立之后，金岳霖被调进城内的中国科学院哲学研究所，才依依不舍地与林徽因作别。而当林徽因与梁思成相继谢世之后，梁从诫则搬进了金岳霖的家中，继续了金岳霖"择林而居"的生活。

无论林洙所言是否属实，无论是否有那样一段往事，我们都为金岳霖执着的守护而感动，何其有幸，林徽因嫁给了梁思成，何其有幸，林徽因遇上了金岳霖，这个世上的另一个自己。虽然没有婚姻的形式，但是谁都无法否认金岳霖与林徽因之间的深情，这种深情，我们很难体会，但无论如何，都值得我们敬重。

大抵心安便是家

走,迈向理想的山拗子 寻觅从未曾寻着的梦:一茎梦里的花,一种香……

在梁思成身边的林徽因,无论如何,心是安定的,无论走到哪里,有梁思成的地方就是林徽因的家。很多人都知道林徽因与梁思成之间的争吵,甚至以此恶意地揣测两个人之间其实只是"将就着过日子"。婚姻不同于其他任何形式的情感结合,争吵是每对夫妻都必有的经历。深情如纳兰容若,也留下了"赌书消得泼茶香,当时只道是寻常"的"争吵"佳话。真正的爱情,从来一辈子不是不吵架,而是吵架了,生气了,却仍然愿意和那个人,过一辈子。这就是婚姻的样子,正如林徽因后来写给好友信中提到的:

"在夫妇中间为着相爱纠纷自然痛苦,不过那种痛苦也是夹杂着极端丰富的幸福的。""只有冷漠不关心的夫妇结合才是真正的悲剧。"

现下的婚姻仍是如此,多少婚姻走到最后,两个人冷漠到说一句话都嫌多，吵架甚至都成了一种奢侈。

最艰难的岁月里，林徽因跟着梁思成颠沛流离，两个人经历了生儿育女，经历了疾病的折磨，甚至经历了生死的考验，可是他们仍然坚守住自己的家，努力过着最初期待的日子。这其实就是爱情最终的样子，也是婚姻最真实的画面。

1930年，中国营造学社创立，梁思成为法式组工作主持者。1931年，林徽因也受聘于营造学社。此后的数年内，她与丈夫梁思成深入晋、冀、鲁、豫、浙等地，实地勘察了几十处古建筑，单独或者与梁思成一起发表了《论中国建筑之几个特征》《北郊建筑名录》《晋汾古建筑调查纪略》等一系列有关建筑的论著与调查报告，为中国古建筑事业增添了许多动人的华章。

他们一起踏遍祖国的山山水水，只为山水间自己曾经的建筑梦想。他们筑梦营造学社，考察建筑，写下一篇又一篇优秀的建筑篇章。其中饱含梁思成的细致考察，也有林徽因的精思妙想。

当林徽因这样灵动的女人遇上温厚的梁思成，生活理应温柔而多情。可是，生活恰如一柄最锋利的尖刀，雕刻了林徽因与梁思成梦想的样子，也残忍地斩断了他们梦想的翅膀。战争，让他们的建筑之路坎坷无比。

1937年7月，林徽因和梁思成正和营造学社的同人们跋涉在山西省进行古建筑考察，当卢沟桥事变的消息传来，他们甚至来不及为发现佛光寺而喜悦。想到九一八之后的东北，想到战乱已经到来，他们马不停蹄地赶回了北平。这时候的北平已经是山雨欲来风满楼，浓烈的火药味开始弥漫在这座沧桑的古城中。营造学社的工作被迫中止，他们担心这些珍贵的建筑资料会落入敌手，所以选择了将这些资料转移到英租界英资银行中的保险库中。

面对战争，林徽因并没有畏惧，她甚至写信给女儿梁再冰：

"如果日本人要来占北平，我们都愿意打仗！那时候你就跟着大姑姑在那边，我们就守在北平，等到打胜了仗再说。我觉得现在我们做中国人应该要顶勇敢，什么都不怕，什么都顶有决心才好。"

"苟利国家生死以，岂因祸福避趋之"，林徽因有着一个中国人顶天立地的豪气，可是政府却没有。当满街的太阳旗飘起，一个柔弱的女子已经别无选择，唯一能选择的就是撕掉"大东亚共荣协会"的请柬，不做这亡国之奴。林徽因和梁思成深爱着这个国家，这片土地，他们不畏惧死亡，只是怕死得毫无价值。由此，他们开始了自己颠沛流离的逃亡生涯。

那时候的总布胡同三号弥漫着初秋的味道，温暖的阳光仿佛没有预料到这场离别一样，仍然肆意地照耀着这座温馨院落。可是梁思成和林徽因却扶老携幼，与金岳霖及清华的两位教授一起坐上了去往天津的火车。然而战时的天津与北平并无二致，战乱让空气中布满了恐惧的味道。在战火与鲜血的交织中，整个天津都似在痛哭。

睡梦中都会被枪炮声和哭声惊醒，他们一行人乘船来到青岛，然后前往长沙。覆巢之下，安有完卵？一路上都是日军的飞机轰炸声和枪炮声。满目疮痍中，林徽因和梁思成带着一家老小疲于奔命。当到达长沙时，9月的天气热得像蒸笼一样，下了火车之后，他们匆忙安顿了下来。

担惊受怕让林徽因原本虚弱的身体雪上加霜。

还好,那时候的长沙尚未经历战乱,一家人可以暂时喘息。不久后,林徽因的朋友们也纷纷来到长沙——张奚若夫妇、梁思永一家,在长沙临时的家中,他们又聚在一起,分析战争形势,高唱抗日歌曲,在战争的恐慌中,顽强地生活。

可是好景不长,当第一枚炸弹落下来的时候,林徽因的恐惧也一定到了极致!在她后来写给费慰梅的信中,我们仿佛也能感受到那种与死神擦肩而过的惊恐:

"炸弹就落在我们房门口大约十五米的地方,天知道我们怎么没被炸成碎片!先听到两声稍远处的爆炸和接着传来的地狱般的垮塌声。你们一定担心死了,没事!如果真有不测发生,对我们来说算是从眼前这场厄运中解脱。天呐!什么日子!"

死亡算是一种解脱,这究竟是怎样可怕的日子?有了这样的开始,长沙也已经不再有安宁,连续的空袭之下,长沙也开始变得满目疮痍。梁氏夫妇有很多建筑资料需要保存,所以他们只能跟随中央研究院一起继续南迁昆明。他们的朋友也已经习惯了在这样的颠沛流离中互相照料。

在赶赴昆明的途中,他们一起来到了好友沈从文的家乡,那美得不像话的湘西。在沈从文的大哥家,面对山清水秀、世外桃源般的自然风光,逃亡中的林徽因才长长地舒了一口气。明亮的笑容又重新回到了她的脸上,可是这田园牧歌般的日子很快就结束了。林徽因一家不得不踏上继续前往昆明的旅程。海拔越来越高，山路也越来越险，经过晃县时，积劳成疾的林徽因发起了高烧。幸运的是，她们遇见了一群航空学校的学员和一位女医生，休养了半个月，林徽因的身体才恢复了元气。在逃亡的路上，有太多的惊险事故发生，林徽因和梁思成彼此鼓励着。在这样痛苦的逃亡历程中，如果没有彼此坚定的陪伴，也许他们会想到放弃，可是他们有彼此，有老人，有子女、有志向，所以，哪怕鲜血染红了前路，他们也会和血吞牙地走下去。正如林徽因这首《红叶里的信念》：

红叶里的信念

年年不是要看西山的红叶，
谁敢看西山红叶？不是
要听异样的鸟鸣，停在
那一个静幽的树枝头，
是脚步不能自已的走——
走，迈向理想的山坳子
寻觅从未曾寻着的梦：
一茎梦里的花，一种香，
斜阳四处挂着，风吹动，
转向白云，小小一角高楼。

钟声已在脚下，松同松
并立着等候，山野已然

不用告别，我和我的过往已经结束；终于宣誓，我和你的未来已经到来！

恩爱两不疑

百般渲染豪侈的深秋。
梦在哪里,你的一缕笑,
一句话,在云浪中寻遍,
不知落到哪一处?流水已经
渐渐的清寒,载着落叶
穿过空的石桥,白栏杆,
叫人不忍再看,红叶去年
同踏过的脚迹火一般。
好,抬头,这是高处,心卷起
随着那白云浮过苍茫,
别计算在哪里驻脚,去,
相信千里外还有霞光,
像希望,记得那烟霞颜色,
就不为编织美丽的明天,
为此刻空的歌唱,空的
凄恻,空的缠绵,也该放
多一点勇敢,不怕连牵
斑驳金银般旧积的创伤!

再看红叶每年,山重复的
流血,山林,石头的心胸
从不倚借梦支撑,夜夜

风像利刃削过大土壤，

天亮时沉默焦灼的唇，

忍耐地仍向天蓝，呼唤

瓜果风霜中完成，呈光彩，

自己山头流血，变坟台！

平静，我的脚步，慢点儿去，

别相信谁曾安排下梦来！

一路上枯枝，鸟不曾唱，

小野草香风早不是春天。

停下！停下！风同云，水同

水藻全叫住我，说梦在

背后；蝴蝶秋千理想的

山坳同这当前现实的

石头子路还缺个牵连！

愈是山中奇妍的黄月光

挂出树尖，愈得相信梦，

梦里斜晖一茎花是谎！

但心不信！空虚的骄傲

秋风中旋转，心仍叫喊

理想的爱和美，同白云

角逐；同斜阳笑吻；同树，

恩爱两不疑

同花,同香,乃至同秋虫
石隙中悲鸣,要携手去;
同奔跃嬉游水面的青蛙,
盲目的再去寻盲目日子,——
要现实的热情另涂图画,
要把满山红叶采作花!

这萧萧瑟瑟不断的呜咽,
掠过耳鬓也还卷着温存,
影子在秋光中摇曳,心再
不信光影外有串疑问!
心仍不信,只因是午后,
那片竹林子阳光穿过
照暖了石头,赤红小山坡,
影子长长两条,你同我
曾经参差那亭子石路前,
浅碧波光老树干旁边!

生命中的谎再不能比这把
颜色更鲜艳!记得那一片
黄金天,珊瑚般玲珑叶子
秋风里挂,即使自己感觉

内心流血，又怎样个说话？
谁能问这美丽的后面
是什么？赌博时，眼闪亮，
从不悔那猛上孤注的力量；
都说任何苦痛去换任何一分，
一毫，一个纤微的理想！

所以脚步此刻仍在迈进，
不能自己，不能停！虽然山中
一万种颜色，一万次的变，
各种寂寞已环抱这孤影；
热的减成微温，温的又冷，
焦黄叶压踏在脚下碎裂，
残酷地散排昨天的细屑，
心却仍不问脚步为甚固执，
那寻不着的梦中路线，——
仍依恋指不出方向的一边！
西山，我发誓地，指着西山，
别忘记，今天你，我，红叶，
连成这一片血色的伤怆！
知道我的日子仅是匆促的
几天，如果明年你同红叶

再红成火焰，我却不见，……
深紫，你山头须要多添
一缕抑郁热情的象征，
记下我曾为这山中红叶，
今天流血地存一堆信念！

《红叶里的信念》中没有"万里悲秋常作客"的感伤，没有"长烟落日孤城闭"的无奈，也没有"芙蓉露下落，杨柳月中疏"的孤独，有的是一种热爱生活、渴望生命，勇敢追寻的勇气，一种秋天中"置之死地而后生"的信念。全诗最重要的莫过于"信念"二字。"一万种颜色，一万次的变"到了秋，已然是遍山的红，如血的红——信念一万次的变，终归还要有一个归宿。信念也许是一枝色香齐聚的花，但总有一天会凋谢，这一凋谢许是会变成永远。但红叶不同，如血的红叶更不同，每年都能在那斜斜的小山坡相遇，即便是春，是夏，是冬，你也能从落叶中、霞光中找到它的影子，因为它早已渗透到生命中——就像信念在内心里扎根，像血液贯穿着生命。"岁月不是年华的标尺"，只有信念在，才能看穿生命的意义。

原来，从战争的一开始，林徽因心中就有了属于自己的坚定的信念，她的信念藏在那漫山的枫叶里，相信一定会胜利，相信一切坚持都值得。对于林徽因来说，心安即是家，有信念就有力量支撑她渡过一切难关。

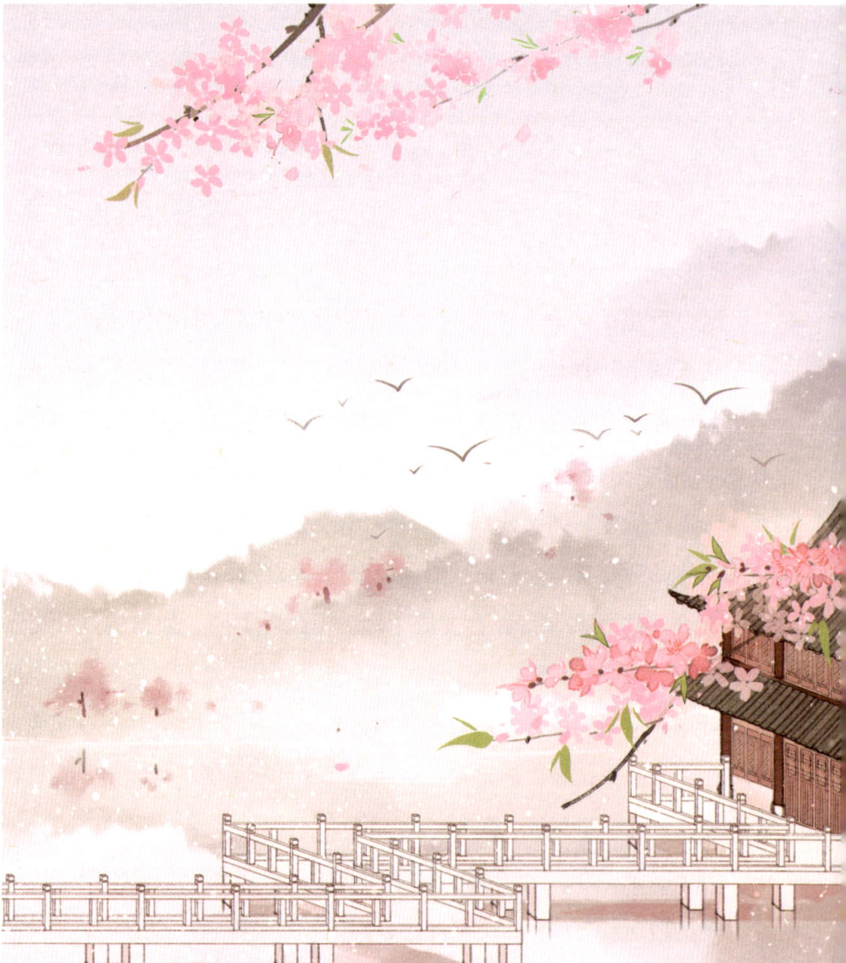

真正的爱情，不是不吵架，而是吵架了、生气了，却仍然愿意和那个人，过一辈子。

屋漏偏逢连夜雨

向运命喘息,倚着墙,每晚靠这一碗茶的生趣,幽默估量生的短长……

灾难不可怕,可怕的是灾难一再袭来,让人没有招架之力。屋漏偏逢连夜雨,对于那时候的林徽因来说,大抵如此。

最艰难的时刻,家里的顶梁柱倒了,在从长沙到昆明的一路奔波中,梁思成病倒了。车祸遗留的病症混合着新的疼痛排山倒海般袭来,脊椎疼得让梁思成甚至难以直起身子。后来查出了扁桃体炎,于是切除了扁桃体,可是又引发了牙周炎,又拔掉了满口的牙。浑身杂乱的疼痛让梁思成只能躺在一张帆布床上,努力隐忍,不让妻子和孩子为自己担心。医生嘱咐梁思成要找些简单的、力所能及的小事来做,分散注意力,以免服用过多的止痛剂而引起中毒。于是,那时候的梁思成只有两件事可做,一件是拆旧毛衣,另一件则是补袜子。梁思成是一个认真的人,即使这样的小事他也做得十分认真。以至于很多年之后梁再冰都还可以回忆起父亲躺在床上补袜子的情景。病来如山倒,病去如抽丝,梁思成这一病就是一年。

丈夫病倒了，老母亲身体一向不好，林徽因这个昔日优雅的太太不得不承担起养家糊口的重任，尽管她也是一个被肺病折磨的病人。为了赚取生活费，林徽因给云南大学的学生补习英语，每周六节课，四十块钱，并且，她每次都需要翻过四个山头才能到达上课地点。昆明海拔高，林徽因又患有肺病，难以想象是怎样的毅力让她支撑了下来。可无论日子怎样艰难，林徽因都奋力坚持着，为了他们的小家，也为了她的建筑梦想，更是为了这个受苦受难的国家。

然而，即使是偏居一隅的春城也无法逃离战争的侵袭，1938年9月开始，日军第一次轰炸昆明，从此之后，昆明也再无宁日。各种各样的警报，各种各样的逃难与躲避，让林徽因甚至麻木了。死亡随时都有可能袭来，身边不断有人在日军的轰炸中失去宝贵的生命。昆明的天空也失去了宁静，为了暂时保住性命，联大的教授们被疏散到了昆明郊区的各个角落。

这时候，美国有好几所大学和博物馆纷纷向梁氏夫妇递来了橄榄枝，邀请二人到美国工作和治疗。可是梁思成婉言拒绝了，他说："我的祖国正在灾难中，我不能离开她，假如我必须死去，我也一定要死在祖国的土地上。"这是一位中国学者的傲骨，尽管温厚，骨子里的梁思成也是一个铁骨铮铮的汉子，哪怕再艰难，他也要和受难的祖国母亲在一起。而林徽因，只是站在丈夫身边，和丈夫一起守候他们所要坚守的信念，坚定而从容。多年后，她甚至发表了两篇《昆明即景》，让我们看到了这个坚强的女人，在那样恶劣的环境下，仍然有一颗勇敢的心，一颗向阳的心：

昆明即景

一 茶铺

这是立体的构画,
描在这里许多样脸
在顺城脚的茶铺里
隐隐起喧腾声一片。

各种的姿势,生活
刻画着不同方面:
茶座上全坐满了,笑的,
皱眉的,有的抽着旱烟。

老的,慈祥的面纹,
年轻的,灵活的眼睛,
都暂要时间在茶杯上
停住,不再去扰乱心情!

一天一整串辛苦,
此刻才赚回小把安静,
夜晚回家,还有远路,
白天,没有工夫闲看云影?

不都为着真的口渴，
四面窗开着，喝茶，
跷起膝盖的是疲乏，
赤着臂膀好同乡邻闲话。

也为了放下扁担同肩背
向运命喘息，倚着墙，
每晚靠这一碗茶的生趣
幽默估量生的短长……

这是立体的构画，
设色在小生活旁边，
荫凉南瓜棚下茶铺，
热闹照样的又过了一天！

二 小楼

张大爹临街的矮楼，
半藏着，半挺着，立在街头，
瓦覆着它，窗开一条缝，
夕阳染红它，如写下古远的梦。

矮檐上长点草，也结过小瓜，
破石子路在楼前，无人种花，

是老坛子，瓦罐，大小的相伴；
尘垢列出许多风趣的零乱。

但张大爷走过，不吟咏它好；
大爷自己（上年纪了）不相信古老。
他拐着杖常到隔壁去沽酒，
宁愿过桥，土堤去看新柳！

在林徽因的诗中，我们看到了一个别样的昆明，无论是茶铺中还是小楼上，没有战争的疮痍，却暗藏无穷的力量。我们看到了她心中那勃勃的生机，以及对生活的无限热爱。林徽因究竟是一个怎样的女人？好似无论在何种境地下，她都不会有绝望一样，她喜欢说老金是一个能够带给别人温暖的朋友，那么她自己就是一个能够带给别人希望的人。

即使在这样恶劣的环境下，梁氏夫妇仍然没有忘记自己的事业和使命，身体复原后的梁思成与林徽因带着营造社的成员调查了圆通寺、土主庙等五十多处云南昆明及近处的古建筑。为了躲避空难，营造社不得不和由傅斯年担任所长的中央研究院历史语言研究所成员们一起躲进了昆明市东北八公里处的一处庵堂内。梁家也借住在庵堂之内，暂时容身。

战争中，没有人敢问，也没有人敢说归期，因为"君问归期未有期"，总在庵堂中住着也不是办法，庵堂内潮气重，对病中的林徽因和大病初愈的梁思成来说都是巨大的挑战。于是他们第一次为自己建起了房屋，在庵堂不远处的一片空地上。林徽因和梁思成亲自设计，亲自动手建起了三间住房和一间厨房，后来金岳霖又在旁边建起了一间耳房。

　　为了建房子，林徽因和梁思成用尽了自己所有的积蓄，为了维持生计，他们不得不分别写信给好友费正清和费慰梅，向他们索要书籍，甚至一切旧衣物，正如梁思成在信中写的"他们实实在在地沦为乞丐了"。

　　不仅是梁家陷入困境，随着国军节节败退，更多难民开始涌入昆明，物价暴涨之下，连最基本的生存都成了问题。为了糊口，这些昔日的教授们开始各种兼职，林徽因和梁思成也不得不为有钱人设计私人住宅，来获取微薄的收入。

　　可是，命运之神似乎要继续捉弄他们一样，1940年，他们再次搬家，搬到了更加偏僻的四川李庄。这也是一次更加无奈的迁徙，中央研究所历史语言研究所要搬到四川，为了保存营造社珍贵的资料，梁家不得不一起搬迁。可是梁思成却无法和家人同行，因为营造社的经费已经严重匮乏，无法维持，他要找到重庆教育部门申请一部分补贴。

　　值得庆幸的是，战争的阴影并没有笼罩这座偏远的小镇，只是可怕的病魔却再次袭来。这次病倒的是林徽因，她原本虚弱的身体在连番的劳累之下，再也支撑不住了，加上到达李庄时，恰恰是肺病最畏惧的寒冬，旧疾疯狂地袭来，击倒了林徽因。高烧四十多摄氏度，连着几个礼拜退不下来，林徽因只能躺在床上，有时候连一口水都喝不下，母亲已经年迈，孩子又小，林徽因只能强打精神安慰着被吓坏的孩子。

　　穷乡僻壤中，没有医生和药品，林徽因强打精神支撑着，她无奈地给丈夫写了一封信，只是说她病了。她知道，丈夫的日子并不好过，可是她别无选择，只能等待着丈夫早日归来。这边的梁思成在重庆被教育部官员们像踢皮球一样的打发着，可是他已经下定决心，一定要为营造学社和一家人筹到一笔钱，暂渡难关。

1940年4月，梁思成才赶回到了李庄。他看到的是瘦到脱形的妻子，他心疼和内疚得无法言语，他别过脸去，极力忍住眼中的泪水，然后回过头，轻轻抚摸林徽因憔悴的脸庞。

丈夫回来了，林徽因才能得到一些作为病人的待遇，但是日子依然清苦，梁思成筹到的款项对于当时的境况来说无疑是杯水车薪，幸亏傅斯年将营造社的五人纳入编制，他们才能够领到一些固定的微薄薪水。

这些薪水多数都用在了购买昂贵的药物上，加上通货膨胀如同洪水猛兽，每月得了钱就要马上换成米和药，不然很快就沦为一堆废纸。在大使馆工作的费慰梅寄来一罐奶粉，便成了给林徽因补充营养的唯一"奢侈品"。为了改善妻子的伙食，梁思成这个曾经的公子哥甚至开始学着自己去做饭。最困难的时候，梁思成就去当铺当掉自己心爱的衣服、手表和钢笔。可是无论日子怎样艰难，梁思成都在家人面前面带笑容，他甚至对妻子说："把这只派克金笔炖了，那只金表用来红烧。"梁思成尽心照料着病中的妻子，林徽因的身体开始慢慢恢复。病情好转的林徽因又开始了她的建筑研究，她的帆布床上摆满了书籍，她一边整理资料，一边为梁思成的《中国建筑史》做着准备。

屋漏偏逢连夜雨，灾难接二连三，当生活只剩下无尽的困难与苦涩，梁思成与林徽因仍然能坚定地相守，他们的心没有因为苦难而放弃，相反地，他们的心更紧密地系在了一起。

"老的、慈祥的面纹,年轻的、灵活的眼睛,都暂要时间在茶杯上停住,不再去扰乱心情!"

如果我离去

> 自己在万物消耗以后的残骸中惊骇,又一点一点给别人扬起可怕的尘埃!

或许是苦难经历得太久,当喜悦传来时,很多人甚至都忘却了欢呼。八年的奔波严重侵蚀了林徽因的身体,她的身体已经严重透支,她等来了抗战的胜利,等来了祖国的希望,却等不到自己的希望了。

当抗战胜利的欢呼声响起,梁思成正在重庆担任中国战地文物保护委员会的副主席,久违的欢笑声让梁思成也雀跃起来。他约上身边的学者好友,聚在一起,喝酒庆祝,喧嚷中,他唯一遗憾的就是不能陪在自己妻儿身边,一起庆祝这来之不易的胜利。

费慰梅看出了梁思成的心事,她陪着归心似箭的梁思成来到李庄,看到阔别已久的林徽因正拖着骨瘦如柴的身躯躺在床上,费慰梅忍不住与她相拥痛哭。十年了,她们已经十年没有相见了,再见面的时候,费慰梅怎么也想不到昔日容光照人的林徽因会憔悴成这个样子。

幸好,虽然被疾病折磨得她失去了往日的光彩,可林徽因总是林徽因,她乐观开朗的性子一点都没变。她和费慰梅、梁思成一起为祖国的胜利庆祝，在阳光晴好的日子里，与丈夫、孩子、好友走上人声鼎沸的街头。

但是林徽因清楚，抗战虽然已经胜利，但是阴霾还没有散尽，内战的阴影笼罩在每个人的心头。同时，他们苦心经营的营造社已经彻底失去了经济支持，加上人员的流失，再也无法继续维持了。但是多年的努力之下，营造社已经基本理清了中国古建筑的历史脉络与发展现状，而现在最需要做的就是继续培养中国的建筑人才。

五年了，终于可以离开这个偏僻的村落，林徽因和梁思成首先来到了重庆，而到重庆的第一件事就是陪林徽因检查身体。在全面检查完身体之后，医生对梁思成说："现在已经太晚了，林女士的肺部已经空洞，一个肾也已经感染。这里已经没有办法了，她最多还能活五年。"

听到这样的消息，梁思成如五雷轰顶，他看着眼前的妻子，突然就想到了当年那个精灵般的婷婷少女。他无法接受这个结果，倒是林徽因坦然得多，她安慰丈夫："我感觉好多了，咱们回家吧！"

可是，家在哪里？北平是林徽因心心念念的家，可是却仍然回不去。甚至李庄那个偏僻的小村落也因为清理河道，再也回不去了。林徽因并不在意，因为只要有梁思成和孩子们，她就有自己的家。

梁家在昆明的老友得知了他们的近况，邀请他们去昆明，热情的老金在张奚若家附近为他们找了一套房子。劫后余生的梁氏夫妇与久违的故友重逢，尽管林徽因再一次病倒了，但是她的病床前围绕着老友们，他们絮絮说着分别后各自的经历，心里还是无限欢喜的。可是昆明的海拔不利于林徽因病情的恢复，加上西南联大已经北返，老朋友们都归心似箭。彼时，梁思成被聘为清华大学的建筑系主任，回北京已经提上了他们的议事日程。

回到阔别九年的北平，等待林徽因的却仍不是安稳的生活。战后的北平满目疮痍，物价飞涨，饥饿的阴影笼罩着这座曾经无比辉煌的古城。林徽因的身体更不好了，精神好的时候她会为那些慕名而来的学生讲解建筑和历史。那些难熬的深夜，她一个人吃药、喝水、没完没了地咳嗽……丈夫梁思成在为他们共同的建筑事业忙碌，林徽因就一个人艰难地度过那些难熬的、痛苦的长夜。她从来不说，只是为了让丈夫少一些牵挂，即使不能陪在他身边，也希望他能将共同的事业做得更好。

当梁思成接到林徽因病重消息匆忙赶回北平的时候，林徽因的肺病已经到了晚期，并且已经转移到了肾脏，需要手术。梁思成又恢复了他"护士"的工作，他很忙，可是再忙，他也会抽出时间来照顾病重的妻子。这时候的林徽因被疾病折磨着，她甚至不能经常起身了，病重的她写下了这首《恶劣的心绪》：

恶劣的心绪

我病中，这样缠住忧虑和烦扰，
好像西北冷风，从沙漠荒原吹起，
逐步吹入黄昏街头巷尾的垃圾堆；
在霉腐的琐屑里寻讨安慰，
自己在万物消耗以后的残骸中惊骇，
又一点一点给别人扬起可怕的尘埃！

吹散记忆正如陈旧的报纸飘在各处彷徨，
破碎支离的记录只颠倒提示过去的骚乱。
多余的理性还像一只饥饿的野狗
那样追着空罐同肉骨，自己寂寞的追着
咬嚼人类的感伤；生活是什么都还说不上来，
摆在眼前的已是这许多渣滓！

我希望：风停了；今晚情绪能像一场小雪，
沉默的白色轻轻降落地上；
雪花每片对自己和他人都带一星耐性的仁慈，
一层一层把恶劣残破和痛苦的一起掩藏；
在美丽明早的晨光下，焦心暂不必再有，——
绝望要来时，索性是雪后残酷的寒流！

　　她从来不畏惧死亡，她只是担心她离开了就再也不能与心爱的丈夫一起为建筑事业努力了，再也不能陪在丈夫身边，哪怕和他争吵了，再也不能看着孩子们长大成人，成家立业了……可即使再恶劣的心绪下，林徽因都不会放弃，面对死亡，她没有悲观绝望，仍然乐观应对。

　　1955年，林徽因再一次病倒了，这一次她连挣扎着起身的力气都没有了。祸不单行，在一连串打击下，梁思成也病倒了。他仍然拖着自己的病体照顾妻子，可是不久之后，他也支撑不住，夫妻二人一起住进了

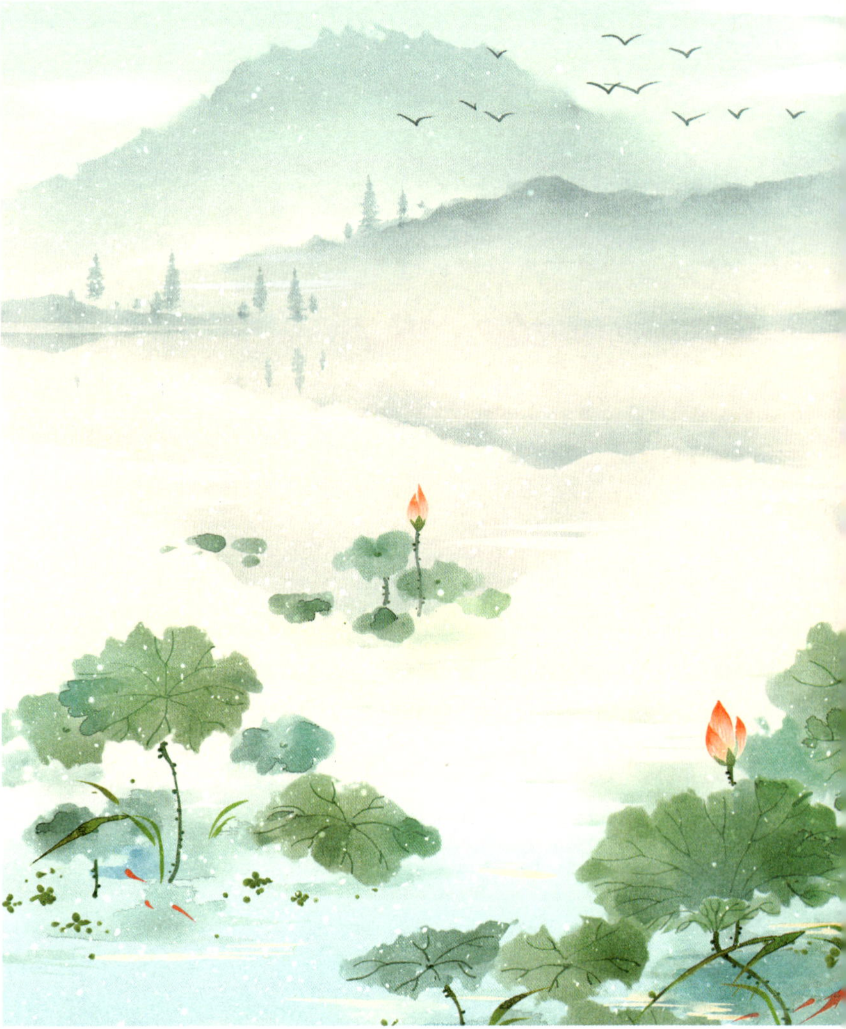

一切小小的留恋算不得罪过,将尽未尽的衷曲也是常情。

同仁医院，仅一墙之隔，他们却觉得从来没有离得这样远过。

他们都病得很重，甚至连1955年春节都是在医院中度过的，孩子们都回来了，从父亲的病房到母亲的病房，久违的笑声让他们难得的放松。老朋友们也常来看他们，说着时下的见闻，说着以往的趣事，日子过得不紧不慢。可是谁都知道，林徽因的日子已经不多了。

弥留之际，林徽因将心事写成了这首《写给我的大姊》：

写给我的大姊

当我去了，还有没说完的话，

好像客人去后杯里留下的茶；

说的时候，同喝的机会，都已错过，

主客黯然，可不必再去惋惜它。

如果有点感伤，你把脸掉向窗外，

落日将近时，西天上，总还留有晚霞。

一切小小的留恋算不得罪过，

将尽未尽的衷曲也是常情。

你原谅我有一堆心绪上的闪躲，

黄昏时承认的，否认等不到天明；

有些话自己也还不曾说透，

他人的了解是来自直觉的会心。

> 当我去了，还有没说完的话，
> 像钟敲过后，时间在悬空里暂挂，
> 你有理由等待更美好的继续；
> 对忽然的终止，你有理由惧怕。
> 但原谅吧，我的话语永远不能完全，
> 亘古到今情感的矛盾做成了嘶哑。

还有很多很多话没有说完，病榻上，客人走了，不知道还有没有机会再相见。这一次，她想和大姐说说心里的话，她多想说，她不想离开，她舍不得，舍不得丈夫儿女，舍不得自己的建筑事业，舍不得这世间那点滴的记忆，舍不得自己破碎却珍贵的人生……她也会恐惧，因为她再也没有未来了，她不畏惧死亡，却有太多的难以割舍，可是在丈夫面前，在孩子面前，她还要坦然地微笑，不让他们为她太过担心……

春节之后，梁思成的病情好转了许多，他能下床活动后，便守在妻子的病床旁，他们挨在一起小声地聊着天。一直以来，都是林徽因说得多，梁思成做听众。林徽因想不到丈夫也如此健谈，而且有着惊人的记忆力。

那些逝去的日子，那些属于他们的小秘密、小细节，他都还记得，他甚至记得初见林徽因时，林徽因每一个微妙的表情，记得他们那一次次甜蜜的争吵，记得她生气时候说过的每一句话，记得她年少轻狂时的每一个愿望……

在梁思成的话语中，林徽因的思绪也仿佛回到了那些阳光明媚的日子,想起了那些远去在生命里的人和事。"偷得浮生半日闲",梁思成和林徽因就这样安静地相守,像是在当年的绮色佳一样。这么多年,他们一起走过来,一路艰难坎坷,还好,他们一直拥有彼此。

那个晚上,林徽因突然格外地想梁思成,总觉得有许多话还没有来得及对他说,尽管她知道,她想说的每一句话,梁思成都知道。可是她偏偏执拗地想再见一见丈夫,哪怕再说一句话,哪怕再多看一眼。她对护士说:"我想再见一见思成,我有话对他说。"

夜深了,护士轻轻地对她说:"已经很晚了,明天吧!"

已经没有明天了,她再也不会醒来了,最后的时刻,她肯定想了很多,可是最想的,还是一墙之隔的丈夫。

1955年4月1日,林徽因的生命停留在了这一天。当年林徽因主持了徐志摩在北平的追悼会,如今,金岳霖、张奚若等好友又送走了她。四月,又是四月,正如她在自己诗中写下的,你是人间的四月天,所以她也选择在这样天真、庄严的四月离开这个让她无限眷恋的人世间。

林徽因和梁思成曾经约定,无论谁先离去,活着的那个人都要为逝者设计墓碑,并好好活下去。梁思成履行了他的承诺,他饱蘸深情地为妻子设计了墓碑。简洁、庄重的墓碑,雕刻的是梁思成心中的、妻子的样子。

她就这样离开了,让无数人喟叹,她离去之后,丈夫含着泪微笑,因为他答应过妻子,无论再难,都要坚持下去。

一生的挚友金岳霖和邓以蛰教授一起为她写下了最动人的挽联:

"一身诗意千寻瀑,万古人间四月天!"

第四章 悲喜话此生

你是人间四月天

与建筑结缘

> 你树梢盘着飞鸟，每早云天吻你额前，每晚你留下对话正是西山最好的夕阳。

林徽因去世后，她的墓碑上镌刻着"建筑师林徽因之墓"。一直以来，林徽因都坚持，自己是一名建筑学家。她和丈夫梁思成将宝贵的一生都奉献给了他们热爱的建筑事业。林徽因冷静自持的个性，令她拥有严谨的思维，并在建筑事业中，成就了美好的自己。

她打江南走过，带着烟雨迷蒙的氤氲之美，走进了风华正茂的上海，在上海的繁华里，她学会了用最理智的眼神打量身边的一切。走进北平，恢宏巍峨的皇城让她感受到了庄严和肃穆。海外留学的经历又使她体会到了不分国界甚至不分领域的艺术之美。

康桥边那温柔多情的相遇，与梁思成的相知都让林徽因的人生异彩纷呈。总有一天，走过的这些路和爱过的那些人，都会成为记忆中最美的朱砂，就在那一时刻，她找到了一生的归宿。

1920年，林徽因与父亲漂洋过海来到了地球的另一端，在那里，林徽因远离家庭俗事的纷扰，见识到了一个不一样的父亲，也发现了一个不一样的世界。原来，走出那块方方正正的天地，大海如此辽阔，世界如此多姿！

来到英国的林长民太忙了，他无暇照顾林徽因，好在这个聪慧懂事的少女即使在异国他乡也可以迅速适应环境，交到朋友。从父亲的房东到自己的英语教师，他们独特的思维方式和满腹经纶让林徽因受益匪浅。当然，这位美丽聪颖的中国少女也同样得到了这些异国朋友们的喜爱。

父亲的房东是一位女建筑学家，她学识渊博，为人和善。父亲不在家，百无聊赖的林徽因阅读了大量书籍，也爱和这位可亲可敬的房东洽谈。第一次听到"建筑"这个词语的时候，林徽因脱口而出"建筑就是造房子吗？"这位女房东笑着说："不！不！不！建筑还是一门艺术！"艺术？这个词语林徽因其实并不陌生，她从小学琴棋书画，后来在英国还学习了钢琴，她心中的艺术应该是优雅的、美好的。可是建筑，多数都是一些冰冷的线条，怎么会是艺术呢？女房东对林徽因说："没错，其实，建筑也是一门艺术，她有着自己独特的节奏和旋律，像音乐一样。她还有着自己独特的构图与线条，像绘画一样。当然，她还有着自己的风格与特色，就像你们中国的书法一样……"

林徽因被女房东的话惊呆了，她想到了自己走过的这些城市，遇到过的这些建筑，果然如女房东说的，这些建筑都有着自己的特点，正如江南建筑的柔和，北京建筑的恢宏，伦敦建筑的端庄……也许是从那一天开始吧，林徽因开始仔细端详起身边的建筑，用自己手中的笔不断地描绘自己心中的家园……那些父亲不在身边时百无聊赖的日子里，林徽因带着小小的幻想，为自己描绘着未来的家……她突然发现，建筑甚至比文字更富魅力，更能直观地表现出她想象的未来。

后来，林徽因认识了柏列特医生一家，并在那年的暑假和柏列特医生一家来到布莱顿度暑假。在柏列特家，林徽因认识了他五个可爱的女儿，包括小建筑家——黛丝。

黛丝是林长民老友柏列特的第二个女儿，她和林徽因同岁，有很多共同话题，那金色的沙滩上，留下了她们欢快的脚印。夕阳的余晖里，黛丝悉心地陪着自己最小的妹妹一起用沙子堆城堡。看着一堆堆散沙在黛丝的手中，慢慢变成了一幢幢精致的城堡，林徽因笑着说："怪不得大家都叫你小建筑家，你堆的这些城堡太美了，我都想进去住了！"

黛丝笑着说："是啊！我就是按照我们心中所想堆的呀！你不知道吧，建筑其实是一件神奇的艺术品呢！"

再一次听到这样的话，是从一个同龄的少女口中，林徽因突然想起了女房东的话，她的心弦再一次被拨动了，好似有一颗种子，悄悄地生了根。

那一晚，从海滩上回来的林徽因和黛丝好像有说不完的话，她们一起说着自己心中喜欢的建筑的模样、家的模样、未来的模样……说到兴起，两人还不约而同地在纸上画着彼此描述的那个建筑的轮廓……夜深了，林徽因却怎么也睡不着，她突然觉得，自己爱上了建筑，爱上了这门复杂多样的艺术表现形式。

第二天，黛丝拉着林徽因一起走在布莱顿的街头，她们一起品评街上的建筑，她们发现在很多建筑中都凝聚着明显的中国风情，这些来自故土的文化意象——例如八角灯笼、雕花的窗棂，让林徽因想起了杭州的老宅。她兴奋地和黛丝聊起建筑艺术的共通之处与区别之处。黛丝向往着古老的东方艺术，林徽因则沉醉于中西合璧的建筑风情里，在共同的爱好面前，林徽因和黛丝的友谊也越发深厚了。

可是时间过得那样快，不知不觉，离别就要来了，在接到父亲的来信之后，林徽因告别了柏列特一家，也告别了这座城市，她要回国了。在这里的经历和记忆会伴随着林徽因的一生，总有一天，我们看过的书，经历过的人，以及走过的路，都会伴随着记忆融入我们的灵魂中，成为生命中不可分割的一部分，就好像林徽因在这里萌发的建筑梦。

回国之后，在林徽因眼中，那些原本平凡无奇的房屋村落仿佛都有了生命一般，哪怕是北平曾经常见的北门街园子，也有了独特的魅力，她后来还为这所园子写下一首诗《对北门街园子》：

对北门街园子

别说你寂寞；大树拱立，
草花烂漫，一个园子永远
睡着；没有脚步的走响。

你树梢盘着飞鸟，每早云天
吻你额前，每晚你留下对话
正是西山最好的夕阳。

一处常见的园子，林徽因看见的是它大树拱立的寂寞，没有脚步的走响，它独自留在这里，像是被人遗忘。但是那树上的飞鸟还会轻吻着它，还有西山最好的夕阳陪着它。在她心里，这座园子，正如后来病中的自己，虽然看似孤单，却并不寂寞。在林徽因心中，她已经和建筑事业融为了一体，仿佛每一处景观都有自己孤傲的灵魂。

回国之后，林徽因与梁思成重逢，这时候的徐志摩却疯狂地爱上了林徽因，他追求着她，陷入了求之不得的苦恼中。当然，苦恼的不只有徐志摩，还有林徽因的父亲——林长民。徐志摩是林长民的忘年交，他是真心喜欢这个诗意盎然的年轻人，只不过，这个年轻人却爱上了自己挚爱的女儿。

于是，他和老友梁启超一起让那场早就商定好的姻缘上演，林徽因和梁思成在多年之后重逢。那时候的梁思成也是翩翩浊世佳公子，他是清华大学校园里异常活跃的小伙子。林徽因和他初见时，由于两人都是大方活跃之人，所以从一开始就少了很多的扭捏做作，很快便聊到了一起。梁思成喜爱绘画，是学校《清华年报》的美术编辑；爱好音乐，吹第一小号；喜爱体育，是学校体育运动会的跳高冠军。他与多才多艺的林徽因一见如故。他们聊学校的见闻，聊文学、聊艺术，后来，林徽因还同他聊起了在欧洲学到的新艺术——建筑。

林徽因声情并茂的描述让梁思成惊羡不已，他甚至觉得自己心底也有某一个角落被点燃了。他爱好艺术，但是旁人对他更多的评价是"具有冷静而敏捷的思维"，他从来不知道感性和理性，艺术和现实之间还可以这样交融。

于是，梁思成回到家做了两个决定，一个是追求林徽因，另一个，则是将研究建筑作为自己求学的方向。这样的男子让林徽因不得不感动，他知道她，他理解她，他甚至以她的理想作为自己的理想。"积石如玉，列松如翠。郎艳独绝，世无其二。"梁思成就是林徽因的"世无其二"，这世上，再也没有一个人是梁思成，再也没有一个人会这样懂她了。

后来的梁思成和林徽因一起走过那些山山水水，留下属于他们的深刻的脚印，那些湖光山色里，那些风餐露宿中，有梁思成的地方，就有林徽因。多年之后，林徽因写下一首诗《桥》：

桥

他的使命：
南北两岸莽莽两条路的携手；
他的完成
不挡江月东西，船只上下的交流；
他的肩背
坚定的让脚步上面经过，找各人的路去；
他的胸怀，
虚空的环洞，不把江心洪流堵住。

他是座桥：
一条大胆的横梁，立脚于茫茫水面；
一堆泥石，

辛苦堆积或造形的完美，在自然上边；
一掬理智，
适应无数的神奇，支持立体的纪念；
一次人工，
矫正了造化的疏忽，将隔绝的重新牵连！

他是座桥，
看那平衡两排如同静思的栏杆；
他的力量，
两座桥墩下，多粗壮的石头镶嵌；
他的忍耐，
容每道车辙刻入脚印已磨光的石板；
他的安闲，
岁月增进，让钓翁野草随在身旁。

他的美丽，
如同山月的锁钥，正见出人类的匠心；
他的心灵，
浸入寒波，在一钩倒影里续成圆形。
他的存在，
却不为嬉戏的闲情——而为责任；
他的理想，

> 该寄给人生的行旅者一种虔诚。

  一座桥，建筑的代表，它是一堆泥石，是一掬理智，是一次人工，是一次艺术的成功。它的力量、它的忍耐、它的安闲就像是林徽因心中的梁思成一样，带着让她心安的淳厚。它的真诚、它的抚慰，哪怕只是它的存在也成就了林徽因一生的现世安稳。它是理想，是责任，是一种虔诚，正如后来林徽因与梁思成一起为中国古建筑事业所做的一切努力。在那样的乱世之中，林徽因何其幸运地遇见了自己的梦想，成就了自己的事业，更幸运的是，她遇见了梁思成，这个愿意和她一起追逐梦想、成就事业的爱人。

  一场与建筑有关的缘分，关联着林徽因的友情、爱情、理想与责任，所以她愿意用一生来守护，用一生来奉献，这又何尝不是建筑史上伟大的传奇呢？

总有一天，走过的这些路和爱过的这些人，都会成为记忆中最美的朱砂。

第二个父亲

> 人间的季候永远不断在转变
> 春时你留下多处残红，翻然
> 辞别，本不想回来时同谁叹
> 息秋天！

    嫁给梁思成的时候，父亲林长民已经去世，林徽因失去了在这世上最好的庇护，从某种意义上来说，林徽因已经没有自己的家了。母亲何雪媛从小带给她的就不是庇护，而是依赖，甚至可以说是负担。而继母，更不可能是自己的避风港。所以，林徽因独自学着长大，为自己撑起一片天。当她在异国他乡得知父亲的死讯时，她首先想到的就是一贯清廉的父亲并无太多积蓄，她要回家替父亲照料这一大家子。

    这时候想到林徽因悲惨境地的，竟然是他——梁启超，林徽因未来的公公，他第一时间给梁思成和林徽因写信，告诉他们，福建匪祸迭起，交通阻隔，会出意外。其实，那时候的梁家也不景气，可是林徽因是梁启超认定的儿媳妇，是自己的"新女儿"。所以，他如父亲疼爱女儿一样疼爱着林徽因，他甚至在接到噩耗的第一时间，给梁思成写信：

    "徽因遭此惨痛，唯一的伴侣，唯一的安慰，就只靠你。你要自己正经者,才能安慰她……她是知道的,林叔的女儿,就是我的女儿,加以你们两个的关系。我从今以后,把她和思庄一样看待,在无可慰藉之中,我愿意她领受我这十二分的同情,渡过她目前的困境。她要鼓起勇气,发挥她的天才,完成她的学问,将来和你共同努力,替中国艺术界有点贡献,才不愧为林叔叔的好孩子。这些话你要用尽你的力量来开解她。"

这本是一封极其平常的家书,可字里行间中却饱含了一位父亲的爱。梁启超将林徽因与自己的女儿梁思庄,一样看待,他甚至不忘叮嘱儿子,一定要用尽自己的力量来开解她,帮助她渡过这人生的艰难。除了精神上的鼓励之外,梁启超甚至动用了自己的积蓄来支持林徽因继续她的学业,发挥自己的所能,为林徽因的一生做尽了打算。"父母之爱子,必为之计深远……"这是梁启超的爱,这样的爱不仅之于自己的儿子,还之于自己的儿媳。所以,他是父亲,是林徽因生命里的第二个父亲。

在失去父亲的伤痛中,林徽因的天空都变得昏暗不已,可是在这样的昏暗中,有一缕温暖的阳光正努力地穿越这昏暗,给林徽因带来一丝温暖。后来林徽因写下这样一首《时间》:

时间

人间的季候永远不断在转变
春时你留下多处残红,翩然辞别,
本不想回来时同谁叹息秋天!

> 现在连秋云黄叶又已失落去
> 辽远里，剩下灰色的长空一片
> 透彻的寂寞，你忍听冷风独语？

于林徽因而言，林长民不仅仅是宠爱自己的父亲，还是知己，是自己人生的引路者。在命运的反复无常面前，我们可以想象林徽因内心的悲痛，这样的悲痛让她身心俱疲。"人间的季候永远不断在转变，春时你留下多处残红，翩然辞别……现在连秋云黄叶又已失落去。"年少时候，父亲给予林徽因的不仅有深沉的爱，也有苦恼。即使有苦恼，林徽因也庆幸着。一声枪炮，父亲离开了这个世界，于是林徽因的天空只剩下一片灰色。还好，身边有悉心照料她的梁思成，彼岸故土，还有那个视自己为亲女儿的未来公公。他看穿了林徽因的寂寞，听得见林徽因心头的独语，所以他用一份博大的父爱让林徽因的痛苦能够稍减一些。

林徽因是一个冷静理智的人，她在悲痛之余，更加明白，自己这一生，注定和梁家难以分割了。哪怕不为了自己与梁思成的志同道合，也要为了梁启超作为父亲的殷殷之心。有这样的家人，林徽因的心是安定的，心安即是家，他们，是一家人。

梁思成的母亲李夫人不喜欢林徽因，她的长女梁思顺也对这位未来弟妹颇有微词，为了开解她们，梁启超没有少费心思。一边是自己的发妻，一边是自己的女儿，一边是自己的儿媳妇，自己认定的"新女儿"，我们甚至可以想象他在背后是怎样的苦口婆心。以至于后来，当梁思顺终于接受林徽因，为梁思成与林徽因的婚礼忙前忙后时，梁启超的欣慰与兴奋简直溢于言表。梁思顺是否真心接受林徽因，这并不要紧，要紧的是她也是一个孝顺、善良的人，她知道"兄弟睦，孝在中"，她知道，自己与弟弟一家的和睦，是父亲心头的牵挂。

在林徽因与梁思成的婚礼前后，最忙碌的就是梁启超了，他在给女儿的信中，絮絮说着婚礼的每一个细节。其意殷殷，其情绵绵，其心拳拳，在这里到达了极致。为了二人的婚姻，从聘礼上的庚帖到大媒人的选定，甚至到聘物所用的玉器颜色、玉种、孔眼大小，他都一一考虑到了。这就是一个父亲最真挚的付出，林徽因失去了林长民，梁启超就要把自己的父爱给到足以弥补的份量。是的，这些琐碎的事，让年事已高的梁启超劳累不已，但是他的心是愉快的，正如他后来给梁思成的信中写到的：

"这几天为你们的聘礼，我精神上非常愉快，你像从抱在怀里"小不点点"，一个孩子盼到成人，品性学问都还算有出息，眼看着就要有美满的婚姻，而且不久就要返国，回到怀里，如何能不高兴呢？"

这样的喜悦甚至跃然纸上，掩饰不住的是父亲对儿子幸福人生的殷切期许。当然，还有对儿媳的喜爱，他觉得儿子即将拥有"美满的婚姻"，这美满的婚姻得益于他选定的儿媳——林徽因。

婚后，梁启超支持梁思成与林徽因度蜜月，一起走遍千山万水，追逐自己的建筑梦想，他年迈体弱，无法陪儿子、儿媳一起去那些异域的

山水中感受美好了,于是,他在信中这样叮嘱孩子:

"(我)在康复中最大的快慰就是收到你们的信。我真的希望你能经常告诉我你们在旅行中看到什么(即使是明信片也好),这样我躺在床上也能旅行了。我尤其希望我的新女儿能写信给我。
……
你们俩从前都有小孩子脾气,爱吵嘴,现在完全成人了,希望全变成大人样子,处处互相体谅,造成终身和睦安乐的基础。"

从信中,我们仿佛看见一位虽在病中但仍然精神矍铄的老人,在与自己的儿子和儿媳聊着家常。他盼着孩子们的消息,他尤其盼着新女儿给他写信。他把两人放在天平的两端,希望他们婚后可以学着长大,学着体谅,学着经营和睦安乐的婚姻。

1928年,梁思成和林徽因终于回到了梁启超身边,看着自己日渐成熟的儿子和新女儿,他迫不及待地写信给自己的女儿梁思顺:

"新娘子非常大方,又非常亲切,不解作从前旧家庭虚伪的神容,又没有新时髦的讨厌习气,和我们家的孩子像同一个模型铸出来。"

他对林徽因的评价很高,既没有旧式女子的虚伪,又没有时髦女郎的浮夸,更高的评价是,他认为,林徽因与自己家的孩子如同一个模型铸出来。换言之,在他心里,林徽因是家人,是自己的孩子,他从心底喜爱这个特别的儿媳。

回国之后，刚刚开始享受天伦之乐的梁启超就开始为两人的职业谋划，更为难得的是，这时的梁启超真正站在林徽因的角度，为她考虑，不仅疼爱她，关心她，还体谅她的处境，照顾她的家人，他在给儿子的信中就这样提到：

"所差者，以徽音（因）现在的境遇，该迎养她的娘才是正办，若你们未得职业上独立，这一点很感困难。但现在觅业之难，恐非你们异想所及料，所以我一面随时替你们打算，一面愿意你们先有这种觉悟……"

面对学有所成归来的儿子和儿媳，梁启超想到的是林徽因已经失去了父亲，他甚至替林徽因想到了母亲何雪媛的处境，他主动提出二人应该迎养老人。即使是现在，也很少有夫家主动提出迎养女方的母亲。然而宽容仁爱如梁启超，他疼爱孩子，所以他想到了这话林徽因是不方便说的。所以他主动来提出，不仅如此，他还担心二人成家之后的"立业"问题，为他们奔波操心却甘之如饴。

后来，当梁思成和林徽因决定一起到东北大学执教，梁启超虽然满心不舍，但还是亲自为他们送行，鼓励他们一定要努力工作，报效祖国，奉献自己的力量，不要惦记自己。

梁启超对自己的疼爱，聪慧的林徽因，怎么可能不知道？她从小尊敬的"梁伯伯"变成了自己的公公，自己的第二个父亲。唤一声父亲，他担得起这厚重的称呼，担得起自己对他所有的敬仰，对一位父亲的敬仰。所以,在公公病重之际,林徽因同梁家的所有孩子一样,尽孝病床前。

病床上的梁启超再也没有了昔日的风采,他已是一个迟暮的老人,甚至由于喉中痰堵,说不出话来。可是他那关切的眼神仍然牵动着儿子儿媳的心。

1929年1月19日,病情反复的梁启超去世了。当天的《京报》《大公报》和《北平报》都纷纷报道了这一消息。这位惊世人才、革命先驱离开了,留给世人无数评说。对于林徽因和梁思成,梁启超是他们最挚爱的亲人,像高山般仰慕的父亲。父亲去了,不会再有人时时事事以他们为先了,不会再有人写来最关切的书信了,不会再有人爽朗地笑着称赞林徽因这个"新女儿"了……面对公公的辞世,林徽因的悲痛不少于梁家任何一个子女,她尽孝灵前、痛哭不止。她还和丈夫一起遵从公公遗愿,为公公设计了一方简洁大方、如同他为人的墓碑。后来,当林徽因生下女儿,她为女儿取名梁再冰,为了纪念公公的《饮冰室合集》。

"一定是特别的缘分,才可以一路走来变成了一家人……"林徽因与梁思成之间有这份特别的缘分,所以他们携手走过了一生的风风雨雨。林徽因和梁启超之间也有这份特别的缘分,即使没有血缘,他也是她的父亲。有这样一个"新女儿"是梁启超的骄傲,有这样一位"新父亲"又何尝不是林徽因的幸运呢?

🌸 他看穿了她的心事,听见了她的独语,他用一份博大的爱让她的痛苦能够稍减一些。

一生的挚友

> 像个灵魂失落在街边,我望着十月天上十月的脸,我向雾里黑影上涂热情悄悄的看一团流动的月圆。

爱情是灯,友情是影,当灯亮起,或许你看不见影子,可是当灯减弱或者熄灭,你会发现你的周围都是影子。朋友,很多时候就是最后给你力量的那个人。在爱情里,最长情的告白是陪伴,但是在友情里,即使不能时刻相伴,在相见的那一瞬间,也不会有丝毫的陌生之感。

林徽因是一个至情至性的人,她不仅拥有令人羡慕的爱情与婚姻,还有令人称道的友情。林徽因好友众多,徐志摩、金岳霖、胡适、沈从文……他们的友情自相逢之日起,延续了一生,这里所讲述的是其中一对来自大洋彼岸的伉俪——费正清、费慰梅。

初相识的时候,他们都还那样年轻,风华正茂,甚至没有想过,这样的友谊,一不小心就跨越了彼此的一生。那年的林徽因和梁思成从沈阳刚刚搬回北平,住胡同里,林徽因夫妇与这对伉俪的相遇,像遇见了另一双自己。

那时候的费正清和费慰梅也是大学刚刚毕业的学生,费正清来自南达科他州，费慰梅则来自马萨诸塞州的剑桥。他们同样深深热爱着古老的东方文化和艺术，共同的信仰和爱好成就了彼此的爱情。相爱之后的他们为着同样的梦想一起来到了中国，住进了古老的北平城。

北平独具特色的东方韵味吸引着这对来自异乡的年轻人，他们开始学习汉语，从古老的方块字中进入了另一种语境，一种属于中国所独有的文学与艺术氛围之中。那巍峨的城楼，那神圣的寺庙，甚至胡同里那美味的小吃都深深吸引着他们。当然，后来的他们对中国的热爱与牵挂又多了一份，那就是他们和林徽因夫妇的友谊。婚后的第二个月，在一场派对中，林徽因夫妇与他们初次相遇，热情活泼的林徽因流利的英语口语让他们惊讶，就这样，他们认识了林徽因与梁思成，并开始了长达一生的友谊。

有些人在茫茫人海中，无数次擦肩，注定只能是路人，有些人，一次交谈就可以走进彼此的内心。正如费慰梅晚年的回忆录中写到的：

"当时他们和我们谁都不曾想到这个友谊今后会持续多年，但它的头一年就把我们迷住了。他们很年轻，相互倾慕着，同时又很愿回报我们喜欢和他们做伴的感情。徽——她为外国的亲密朋友起的短名——是特别的美丽活泼。思成则是比较沉稳些。他既有礼貌又反应敏捷，偶尔还表现出一种古怪的才智。俩人都会两国语言，通晓东西方文化。徽以她滔滔不绝的言语和笑声平衡着她丈夫的拘谨……"

从这段描述中，我们可以看出，费正清和费慰梅被这对来自中国的夫妻所深深地吸引。他们最初相识于一场聚会，交谈之下，发现两家竟然是住得不远的邻居，而且彼此被对方的精神与气度所折服。于是，太太的客厅里，又多了两双蓝眼睛的座上宾。甚至连费正清和费慰梅的中文名字都是梁启超为他们取的。抗战时，费正清以美国情报局官员的身份来华，更名为"范邦国"，梁思成不以为然。他说范邦国这个名字听起来像番邦之国，又像藩子绑票国。而正清则象征正直、清朗，又接近原名JohnKing，正如费正清的为人。从此以后，他的中文名字就再也没有变过。所谓朋友间的惺惺相惜，从一个名字中就足见一斑。

这份新的友谊渐渐融入林徽因的生活中，让她的生活多了一缕温暖惬意。当然，那时候的林徽因和梁思成刚刚从沈阳搬回北平，置身于中国营造社的工作，事业上才刚起步，还未稳定，家庭又有无数繁杂的琐事让林徽因头疼不已。或许是旁观者清吧，费慰梅在她后来的书中聊到这时候的林徽因：

"当时，徽因正在经历着她可能是生平第一次操持家务的苦难。并不是她没有仆人，而是她的家人包括小女儿、新生的儿子，以及可能是最麻烦的，一个感情上完全依附于她的、头脑同她的双脚一样被裹得紧紧的妈妈。中国的传统要求她照顾她的妈妈、丈夫和孩子们，监管六七个仆人，还得看清楚外边来承办伙食的人和器物，总之，她是被要求担任法律上家庭经理的角色。这些责任要消耗掉她在家里的大部分时间和精力。户外的差事都交给仆人去做。家里的女主人通常只是在走亲戚、参加葬礼或特殊的庆典时才外出。

林徽因当然是过渡一代的一员，对约定俗成的限制是反抗的。她不仅在英国和美国，而且早年在中国读小学时都是受的西方教育。她在国外过的是大学生的自由生活，在沈阳和思成共同设计的也是这种生活。可是此刻在家里一切都像要使她挫败。她在书桌或画板前没有一刻安宁，可以不受孩子、仆人或母亲的干扰。她实际上是这十个人的囚犯，他们每件事都要找她做决定。当然这部分也是她自己的错。在她关心的各种事情当中，对人和他们的问题的关心是压倒一切的。她讨厌在画建筑草图或者写一首诗的当中被打扰，但是她不仅不抗争，反而把注意力转向解决紧迫的人间问题。"

费慰梅看得见林徽因的忙碌，作为朋友，她很心疼，可是她又看得出，林徽因这琐碎忙碌背后的"不抗争"。她懂得她，一直都懂得，所以，林徽因的所有话都可以对费慰梅倾诉。包括后来林徽因在信中向费慰梅抱怨她的母亲，抱怨她的生活。费慰梅只是安静地聆听，细心地安慰，有时候甚至不多发一言，只是做林徽因情绪的接纳者，让林徽因的满心烦恼能有一个去处。林徽因写过一首诗《六点钟在下午》：

六点钟在下午

用什么来点缀

六点钟在下午？

六点钟在下午

点缀在你生命中，

> 仅有仿佛的灯光,
>
> 褪败的夕阳,窗外
>
> 一张落叶在旋转!
>
> 用什么来陪伴
>
> 六点钟在下午?
>
> 六点钟在下午
>
> 陪伴着你在暮色里闲坐,
>
> 等光走了,影子变换,
>
> 一支烟,为小雨点
>
> 继续着,无所盼望!

六点钟的下午,夕阳西下的时候,虽然还有光亮,却只能等待夜晚的来临,等着光走,等着影子变换。林徽因为人豁达,即使身处困境,也依然能有一份昂扬向上的心情。但这并不代表她不会伤怀失落,她也有着她的无可奈何。六点钟在下午,黄昏中颓败的夕阳里,林徽因也会有无所适从的时刻。

这样的心境,或许别人难以理解,但是那时候的费慰梅一定能体会。因为自从相识之后,费慰梅便见证了林徽因人生中的每一场幕起幕落,即使不能守候在彼此身边,可是无论在这世界上的哪一个角落,她们之间的交流与关怀从来没有间断过。

那时候的车慢,信也慢,一段友谊可以延续一辈子。现在很多对林徽因的研究都要借助她和费慰梅的书信。从那一封封或沉重或欢愉的信中，我们可以看到不同时期的林徽因，我们更可以看到林徽因对这位异国的朋友，全身心的信任。

  尤其是在李庄，那样恶劣的环境里，几乎山穷水尽的林徽因和梁思成收到的是来自美国好友的邀约。费正清甚至在战乱的苦难中，给梁思成寄来两张支票，以供他们应急之需。而费慰梅则为林徽因寄来一罐奶粉，为病重的她送上最好的营养。林徽因曾经写过一首《十月独行》：

十月独行

像个灵魂失落在街边，
我望着十月天上十月的脸，
我向雾里黑影上涂热情
悄悄的看一团流动的月圆。

我也看人流着流着过去来回
黑影中冲着波浪翻星点
我数桥上栏杆龙样头尾，
像坐一条寂寞船，自己拉纤。

我像哭，像自语，我更自己抱歉！
自己焦心，同情，一把心紧似琴弦，——
我说哑的，哑的琴我知道，一出曲子
未唱，幻望的手指终未来在上面？

是的，在茫茫人生中，每个人都会踽踽独行，林徽因也有这样孤单寂寞的时刻，不过，在她孤单寂寞之时，她可以提起笔，写下一首诗，记录自己的心情。哪怕是哭，是自言自语，是对自己的心疼与歉意，当她的心像琴弦一般绷紧的时候，还有一个远在大洋彼岸的朋友可以听得出她幻望的心情。她还可以写上一封信，远处自有一个费慰梅，无论在哪里都愿意倾听她，理解她。

在李庄最困难的时候，梁思成给费正清写信，让他寄一些图书，而他突然发现，妻子正在写信给费慰梅，让她寄一些旧衣服：

"我们奇缺各种阅读和参考书籍。如果你们能间或从二手书店为我们挑选一些过期的畅销书，老金、端生、徽因、我还有很多朋友都将无上感激……我发现，在我给你们写信索要图书时，徽因正在给慰梅写信索要一些旧衣服，看来，我们已经实实在在地沦为乞丐了。"

在那些最艰苦的岁月里，梁思成和林徽因坚持守着祖国，和祖国一起受难。他们不愿离开苦难的中国，他们宁愿和祖国共存亡。可是，在这样的战乱里活下去，比死更难。面对生活中现实的窘迫，一向骄傲的梁思成、林徽因，也不得不向费正清夫妇开口，索要书籍和衣服。因为他们是朋友，即使是沦为乞丐，梁思成和林徽因也相信，费氏夫妇会竭尽所能地帮助他们，不会折堕他们的尊严。这才是友谊，雪中送炭的友谊，恰如黑暗中一缕微弱的光，给绝望的梁思成与林徽因，带来些许希望。

1945年，满目疮痍的城市、满身创伤的人们终于迎来了抗战的胜利。被绝望压抑得太久,当胜利来临时,人们甚至没有足够的力气去欢呼。这时候,阔别许久的费慰梅在李庄的陋室里,看见了被疾病折磨得不成样子的林徽因。再重逢,林徽因再无半点曾经的优雅,她憔悴支离,费慰梅看着这样的林徽因甚至想不出话来安慰,只能紧紧地拥着她,抱头痛哭。这样肆意的泪水中,有着彼此深深的怜惜,有费慰梅对林徽因的理解和心疼。相知相惜如费慰梅,她更理解林徽因所经历的痛苦与折磨。这一次痛哭之后,费慰梅和林徽因便不会再提起那些伤痛的过往。遗憾的是,短暂的陪伴之后,二人不得不再次面对离别。

即使不能陪在彼此身边,可是林徽因给费慰梅的信却从来没有断过,她对费慰梅说,她离开了李庄,来到了昆明,见到了那些老朋友,说他们各自的经历,说他们都老了,还说他们心中坚定的信仰。她还会对费慰梅说,她住在唐继尧"梦幻别墅"中的感受,她会说那重新明亮了的天……她在病中也会给费慰梅写信,写她住院的经历,顺便安慰好友说,自己"做一次大修",让好友别为她担心……

那些生活里的琐碎,那些心中隐藏的情绪,在费慰梅面前,林徽因从来不需要刻意隐瞒。她就这样自然地倾诉,费慰梅就这样安静地聆听,我们很少看到费慰梅写的回信,但是我们可以想象,在那些信中,也一定有着这样如同诉说家常、如同倾诉心事般淡淡的话语,当然,也藏着浓浓的情谊……

自相识之后,费慰梅见证了林徽因坎坷却精彩的一生,她和丈夫费正清一起与这对中国夫妻做了一生的挚友,甚至在林徽因与梁思成相继去世之后,费慰梅还写下了《梁思成与林徽因》,纪念这对远去的友人。

山高水远，鸿雁传书，相知无远近，万里尚为邻。

白山黑水间

> 生命早描定她的式样，太薄弱，是人们的美丽的想象。

林徽因不仅是一位诗人，一位女建筑师，她还是一位非常优秀的教师。白山黑水之间，她曾有过短暂的教学生涯。

1928年，在父亲梁启超的努力下，梁思成和林徽因确定了他们的第一份工作——梁思成任东北大学建筑系主任，林徽因任教员。那时候的东北大学由少帅张学良主政，在他大刀阔斧的改革之下，东北大学焕发着新的生机，求贤若渴。于是，梁启超为儿子和儿媳递去了应聘书。

东北大学的开学典礼上，两千多名师生排着整齐的队伍，站在广场前。鼓乐队开始演奏雄浑的音乐，校长张学良一身戎装，英姿焕发，立于讲台中央。副校长刘凤竹、文科学长周守一、法科学长臧启芳、工科学长高惜冰等人分立两旁。后边一排就是张学良亲自募聘的各界名流学者：数学家冯祖荀、化学家庄长恭，还有刚开设的建筑系主任梁思成以及美学教授林徽因。

这时候的东北大学人才济济，充满着朝气与活力。刚刚建成的建筑系只有两名教员，四十多位学生。他们也和其他院系一样，完全采用西式教学法，将学生集中在一间大教室里，按照年级划分座席，每个教师每次带十几名学生。

那年的林徽因二十四岁，受过西式教育的她青春活泼，在教学上更是不拘一格。她聪明机敏，语言幽默，加上丰富的见闻与渊博的知识，让学生在她的课上，甚至在和她日常的谈论中都受益匪浅。多年之后，很多学生甚至都还记得林徽因带给她们的第一堂建筑课：

第一次讲课，林徽因把学生们带到了沈阳故宫的大清门前，在这所真实的建筑面前，林徽因却没有提到丝毫建筑的知识，她只是引导学生找出这所建筑最具美学特点的部分。

学生们各抒己见，有的说是大清门，有的说是勤政殿……在学生们的回答中，林徽因微笑着来到八旗亭，对学生说："有人认为是八旗亭吗？"

看着朴实的不起眼的八旗亭，学生们面面相觑，林徽因也没有坚持说什么，她反而给学生讲起了八旗制度的历史沿革。那些远去在硝烟中的历史，在林徽因娓娓道来之际，仿佛又鲜活了起来。八旗制度是努尔哈赤为了巩固和发展后金政权而创立的，在后来的发展中也显示了其独特的魅力。

据说，努尔哈赤在面临军国大事的裁决之时，必在"殿之两侧搭八幄，八旗之诸贝勒、大臣入于八处坐"，所以就有了这著名的八旗亭。可以说，八旗亭是八旗制度的浓缩，也是这座故宫的一个缩影。

在讲述完这一制度之后，林徽因便对学生们说："从大政殿到八旗亭的建筑来看，它不仅有着合理的布局，和谐而壮观，还反映了清初的联合政体形式，是我国建筑史上一抹独特的色彩。这部分建筑告诉我们，建筑的美本身是一种和谐的美，不仅表现为各个要素之间的和谐，还表现为建筑形式与其内容的和谐……"

这样深入浅出的讲述让学生们终身难忘。多年之后，回忆起恩师，多数学生都会讲起这堂从八旗制度深入的建筑审美课，甚至还能记起那时候林徽因飞扬的眉梢和一身的风采。

因为刚刚建系，建筑系的工作任务非常繁重，加上当时采用的是西式教育，很多学生的英语并不过关，于是林徽因还肩负起了给学生补习英语的重担。她热爱自己的工作，她也热爱自己的学生，她甚至每天都忙碌到深夜，忘记了自己羸弱的身体和已经怀孕的事实。

当然，林徽因更是深爱着自己的建筑事业，沈阳当地的古建筑非常多，尤其以清代的皇陵居多。上课之余，林徽因和梁思成还忙于各种建筑考察，一方面为课程提供更多的思路和依据，另一方面也在不断丰富自己的学科积累。朝阳中的皇陵在沉寂中映出别样的光芒，那些隐匿在历史深处的建筑之美，吸引着两位建筑学家深邃的目光。无论是在林徽因的课堂中，还是在她的笔下，这些建筑都仿佛有了灵魂一般，正如她写下的这首《古城春景》：

古城春景

时代把握不住时代自己的烦恼，——

轻率的不满，就不叫它这时代牢骚——

偏又流成愤怨，聚一堆黑色的浓烟
喷出烟囱，那矗立的新观念，在古城楼对面！

怪得这嫩灰色一片，带疑问的春天
要泥黄色风沙，顺着白洋灰街沿，
再低着头去寻觅那已失落了的浪漫
到蓝布棉帘子，万字栏杆，仍上老店铺门槛？

寻去，不必有新奇的新发现，旧有保障
即使古老些，需要翡翠色甘蔗做拐杖
来支撑城墙下的小果摊，那红鲜的冰糖葫芦
仍然光耀，串串如同旧珊瑚，还不怕新时代的尘土。

这样精巧的心思，这样独特的视角，林徽因讲述的不再仅仅是建筑和审美，甚至是人生感悟。在她的课堂上，学生们收获到的是对建筑的热爱，是知识和知识以外更广阔的天与地。

古城自有古城的魅力，在林徽因的笔下，这古老的城墙下甚至不必有新奇的新发现，旧就是保障，那些古老的景物也仍光耀，不怕新时代的尘土侵袭，伫立在那里，任由历史风云变幻仍然坚不可摧。

所以，在林徽因的课堂上，她教育学生要有建筑情怀，在她所教授的四十多个学生里，走出了刘致平、刘鸿典、赵正之、陈绎勤等一大批我国建筑界的精英。

第一学期就在这样的忙碌中结束了，林徽因开始爱上这片白山黑水之地，爱上了这样的执教生涯。第二学期，也就是1929年夏天，林徽因和梁思成在宾夕法尼亚大学的好友陈植、蔡方荫等人应夫妇二人之约也来到了东北大学的建筑系任教。建筑系的教学开始逐渐走上正轨，几个老同学开始建造起"梁、陈、童、蔡营造事务所"，追求更加富有创造性的建筑事业。他们的事务所不仅做学术研究，还承包建筑工程。恰好当时的吉林大学正在筹建，他们事务所便包揽了整体规划、教学楼以及宿舍楼的设计。后来他们还参加了交通大学在辽宁地区开办的分校校舍以及沈阳郊区"萧何园"的建设。林徽因虽然没有挂名，但是她在授课之余也事事参与，为他们的设计工作增添了一些富于美感的点缀。

东北大学在组改之后由张学良亲任校长，公开悬赏征集校歌，最终刘半农填词，赵元任作曲的歌曲被选中了：

东北大学校歌

白山兮高高，黑水兮滔滔；

有此山川之伟大，故生民质朴而雄豪；

地所产者丰且美，俗所习者勤与劳；

愿以此为基础，应世界进化之洪潮。

沐三民主义之圣化，仰青天白日之昭昭。

痛国难之未已，恒怒火之中烧。

东夷兮狡诈，北虏兮骄骁，

灼灼兮其目，霍霍兮其刀，

苟捍卫之不力，宁宰割之能逃？
唯卧薪而尝胆，庶雪耻于一朝。
唯知行合一方为贵，无取乎空论之滔滔，
唯积学养气可致用，无取乎狂热之呼号。
其自迩以行远，其自卑以登高。
爱校、爱乡、爱国、爱人类，期终达于世界大同之目标。
使命如此其重大，能不奋勉乎吾曹，能不奋勉乎吾曹。

这首烙着时代印记的歌曲，倾注了诗人刘半农对沦丧于列强侵占下的东北的满腔豪情以及对学子们的殷殷期盼。1929年的校庆上，张学良携妻于凤至与2000多名师生一起唱起这首校歌，当激昂的旋律响起，当愤慨的歌词唱出，一瞬间，沸腾了所有人的心。

随后，张学良开始在全校范围内征集东北大学校徽设计图，林徽因忘不了这首沸腾了她爱国之心的校歌，所以她以此为依据设计了"白山黑水"校徽。校徽整体是一面盾牌，正上方是"东北大学"四个古体字，东北和大学之间是易经八卦中的艮卦，同样代表东北，下面则是狼和熊对望的白山，寓意东北当时受列强的欺侮，形势危急，白山之下是滔滔黑水。

"白山黑水"校徽与校歌互相辉映，一直作为东北大学的标志，甚至作为整个东北的关键词。一个柔弱女子设计出如此大气古朴的徽章，是因为她心中有丘壑，是因为在这执教生涯里，她深深爱上了这方土地。

🌸 在她的课堂上，学生们收获的是对建筑的热爱、是知识和知识外更为广阔的天地。

正如"白山黑水"所表现的主题一样,当时的东北已经形势危急,列强的铁骑正在逼近,各种"胡子"也开始肆意出现,让那时候的东北笼罩在阴霾之下。

那年七月,林徽因产期已近,恰逢暑假,梁思成陪着她回到了北平,八月生下女儿,为了纪念去世的父亲,夫妻二人为女儿取名"梁再冰",纪念父亲的书房"饮冰室"和代表作品《饮冰室文集》。

暑假之后,林徽因拖着还很虚弱的身体回到了学校,她坚持着自己的工作。那时候的东北大学建筑系尚处于嗷嗷待哺的婴儿期,教学任务十分繁重,林徽因又是一个追求极致的完美主义者。她精心备课,为学生设计最有趣也最有所收获的课程,继续教学生们英语,同时还为学生们精心批阅每一张图纸,认真点评,悉心指导。

回到家里,还有一个真正嗷嗷待哺的婴儿,以及那个"善于添乱"的母亲。正如现代社会一样,两代人在沟通上、习惯上甚至育儿观念上都有太多的不同,很多时候都会引发家庭战争。

爱情是浪漫的,可是一旦进入婚姻,女人的角色就变得复杂了。梁思成是朋友圈里著名的"烟囱",可是再好的烟囱受的"气"多了也会堵,也会不通畅。尤其是两人本来在性格和思维上就有很大的分歧。在日常生活中,梁思成会尽力忍让林徽因,可是一旦面临专业问题,两人往往各执己见,互不相让,最后甚至会演变为家庭战争。

可能是受到母亲的影响,美丽优雅的林徽因有着与外表不符的急躁,她经常克制不住自己的情绪,加上千头万绪的事情把她缠绕其中,所以她忍不住地发脾气,把那段日子过得硝烟弥漫。

在一团忙乱中,林徽因的肺病复发,不得不离开东北大学,离开自己热爱的学生与教学,到香山去静养。她告别了自己的执教生涯,告别了白山黑水,没有想到,这次离别后就再也没有回来。

在香山静养的日子里,众多好友纷纷前来看望,林徽因的心绪开始平静了许多,执教的日子像是一场美好却匆忙的梦境,还来不及细细品味,就醒了。香山的宁静中,林徽因写下这首《深夜里听到乐声》:

深夜里听到乐声

这一定又是你的手指,

轻弹着,

在这深夜,稠密的悲思;

我不禁颊边泛上了红,

静听着,

这深夜里弦子的生动。

一声听从我心底穿过,

忒凄凉

我懂得,但我怎能应和?

生命早描定她的式样,

太薄弱

是人们的美丽的想象。

除非在梦里有这么一天,
你和我
同来攀动那根希望的弦。

休养中的林徽因从繁重的教学和家事中解脱出来,她又变成了那个美丽多情的诗人,写下了动人的诗篇,和好友畅谈古今。

那时候的徐志摩应梁思成之邀来探望林徽因,他用往事与诗歌抚平了林徽因那颗急躁的心。虽然无缘在一起,但是林徽因很珍惜这段难得的友谊。她懂得徐志摩的深情,却无法去应和。她知道,只有在梦里,才能攀动希望的弦,深夜的乐声带着厚重的往事而来。短暂的执教生涯对于东北大学,对于学子,对于林徽因都是一场梦,梦醒了,梦中的一切仍历历在目。

太太的客厅

> 一条枯枝影，青烟色的瘦细，
> 在午后的窗前拖过一笔画；
> 寒里日光淡了，渐斜……

提起林徽因，就不得不提起太太的客厅，记忆里的林徽因仿佛一直是客厅里那个优雅健谈的太太。虽然历尽磨难，可是那份优雅与从容，仿佛一直都在。

从欧洲游学归来的中国文人不仅带回了西方先进的科技和理念，还带回了西方的"文化沙龙"。最早的沙龙是朱光潜先生在北平栖身的慧慈殿三号，那里每个月都会有一次作家的聚会，谈论最多的是新诗。他们用不同的语言来诵读新诗，感受新诗的韵味。梁宗岱和李健吾读法文，冯至读德文，而读英文的就非常多了，叶公超、罗念生、孙大雨，等等，包括沙龙的主任朱光潜。而俞平伯则吟诵词曲，朱自清专注于中文音字的性能研究。周作人、废名、卞之琳、何其芳、徐芳、林庚等人都参加过这里的读诗会，这个文化沙龙曾经盛极一时。当然，林徽因也是其中的座上之宾，她不仅擅长用英文读诗，还会用自己老家的闽南语来诵读。她出生于江南，用闽南语读出的诗自然也带着一股江南的温软。虽然是读诗会,但是大家有时候也会念起时下优秀的散文,朱自清的、徐志摩的、老舍的……美文在作家们口中自然流淌,更多了几分韵致。当然,大家有时候也会展开关于学术的交流与探讨,这样的交流中,自然也会有分歧和争论。

梁宗岱思维活跃,总有新意,有时候来不及深思便提出,林徽因思维缜密,言语犀利,常常驳回。两人总是争得面红耳赤,梁宗岱有绅士之风,林徽因滴水不漏,很多时候这样的争论都是以梁宗岱的"认输"而结束,也是这场文化沙龙上旗鼓相当的争锋。

当时,北平有很多像这样的文化沙龙,其中比较著名的是"太太客厅"——林徽因的客厅。这座租来的院落距离皇城根很近,虽然没有朱光潜的慧慈殿三号宽敞,但是胜在温馨、雅致。两进的四合院中,坐北朝南,在中午还会洒进满院的阳光,院子里,丁香、海棠、秋菊、腊梅,四时花卉弥漫着淡雅的芬芳。当然,还有"择林而居"的金岳霖,他号称"湖南饭店",因为他经常会为太太客厅中的客人们准备一桌地道的湖南菜。

不同于朱光潜慧慈殿三号的"读诗会"每每都有主题,太太客厅的聚会没有主题,讨论随性、自在,更多的是朋友间的私人聚会。由于林徽因和梁思成都是建筑学家,因此太太客厅中不仅讨论文学,来客也不仅限于作家,金岳霖是哲学家、李济是考古学家、钱端升是政治学家、常书鸿是艺术家……还有很多夫妻相携而来,张奚若、周培源、陶孟和等都是伉俪携手,言笑晏晏。还有很多晚辈都是慕名而来,只为一睹才女的风采。太太客厅是热闹非凡的,很明显,林徽因喜欢这种热闹,甚至说是享受这种热闹，多年后，她在李庄避难时，回忆起这样的热闹，还无比伤感，写下一首《一天》：

一天

今天十二个钟头，

是我十二个客人，

每一个来了，又走了，

最后夕阳拖着影子也走了！

我没有时间盘问我自己胸怀，

黄昏却蹑着脚，好奇的偷着进来！

我说：朋友，这次我可不对你诉说啊，

每次说了，伤我一点骄傲。

黄昏黯然，无言的走开，

孤单的，沉默的，我投入夜的怀抱！

细细读来很清楚，这首诗写的是孤独。把时间的刻度比作客人，把黄昏看作前来安慰的朋友。这时候的林徽因贫病交加，在李庄，她不仅要承受贫穷和病痛的折磨，还要学会承受孤独。这时候她所回忆的，一定是那洒满阳光、弥漫花香、高朋满座的太太的客厅。

那年的太太客厅是属于知识分子的盛会，不仅汇集了来自各个领域的精英，还有林徽因最赤诚的朋友们，其中，费正清和费慰梅也是常客。那年的林徽因风华正茂，她谈笑自如，是客厅的中心。在这里，这

"黄昏黯然,无言地走开,孤单的,沉默的,我投入夜的怀抱。"

些人仿佛找到了一个诉说的出口，将心底的话自由无拘和盘托出。当然，进这客厅的多数都是来自各个行业的精英，都是"苟利国家生死以，岂因祸福避趋之"的爱国志士。在这里。他们不仅谈论文学和艺术，还会针砭时弊、忧国忧民。对于当下的政治，他们也会探讨一二，有人认为西方的民主制度是中国的出路，这一理论以胡适和一大批自由主义知识分子最为拥护，这些讨论书生意气，率性十足。但是在那样一个敏感的时期，他们更多的还是将注意力放在了学术层面，作为客厅的女主人，林徽因总能轻而易举地将大家的视线汇聚，成为客厅的中心。正如费慰梅后来在《梁思成与林徽因》中所写到的：

"每个老朋友都会记得，徽因是怎样滔滔不绝地垄断了整个谈话。她的健谈是人所共知的，然而使人叹服的是她也同样擅长写作。她的谈话和她的著作一样充满了创造性。话题从诙谐的轶事到敏锐的分析，从明智的忠告到突发的愤怒，从发狂的热情到深刻的蔑视，几乎无所不包。她总是聚会的中心人物，当她侃侃而谈的时候，爱慕者总是为她那天马行空般的灵感中所迸发出来的精辟警语而倾倒。"

透过这样的描述，我们仿佛看到了那个健谈的、敏锐的林徽因。在太太的客厅中，她总能发出最独到的见解，当然，她还用自己那充满诗意的笔触写下了很多足以影响文坛的文字。

除此之外，她对后辈们的提携和鼓励也令人印象深刻。那年的萧乾初涉文坛，写下了一首《蚕》，他几乎是忐忑地随着好友沈从文来到了太太太的客厅。那时候的他还是燕京大学的一介青年学子,而林徽因则是久负盛名的大才女。他以为这位女病人会憔悴不堪,可是他见到的林徽因却是一身戎装,刚刚骑马归来。他感到惊奇极了,他甚至不敢想象这个英姿飒爽的女子就是传说中久病的林徽因。更让他惊奇的是,林徽因居然知道他,在沈从文介绍之后,林徽因笑着说"原来这就是《蚕》的作者呀!快进屋!"林徽因盛赞萧乾的写作风格,说他"是用感情写作的,这很难得!"她甚至能即兴背诵出《蚕》中那些精彩的段落。听着才女的称赞,萧乾忐忑之心稍减,心中升腾的是对于文学更高的热爱,他后来比喻林徽因的称赞"犹如在刚起跑的小马驹后腿上亲切地抽了一鞭",让他由此飞驰起来,成为京派文学的主力军。"这次之后,萧乾便与林徽因结下了终身的友谊。甚至在林徽因去世四十五年之后,两鬓斑白的萧乾仍记得这次相见,回顾一生的创作道路,他在自述中仍然虔诚地写道:"在我的心坎上,总有一座龛位,里面供着林徽因。"

这样的际遇不仅萧乾有,得到林徽因鼓励和称赞的年轻作家有很多,其中著名的还有卞之琳和李健吾。那时候的卞之琳性格内向,但是林徽因的开朗热情让卞之琳丝毫感受不到隔阂,他甚至形容自己和林徽因"亦师亦友",她不仅是师辈,也是亲切的知己。

太太的客厅中,林徽因发表过太多经典的言论,随着时代的风云变幻,有些言论似乎已经被掩埋在了逝去的记忆里。但是从后世的评论来看,那些言论至今都是无上的文学和艺术瑰宝。正如萧乾后来写下的:

"每逢我聆听她对文学,对艺术,对社会生活的细腻观察和精辟见解时，我心中就常想：倘若这位述而不作的小姐能像十八世纪英国的约翰逊博士一样，身边有一位博斯韦尔，把她那些充满机智、饶有风趣的话一一记载下来，那该是多么精彩的一部书啊！"

那些平常的景致，那些一闪而逝的念头，那些擦肩而过的路人，都可以在林徽因的笔端，变成一首又一首精巧的诗歌，恰如她写下的《雨后天》和《静坐》：

雨后天

我爱这雨后天，
这平原的青草一片！
我的心没底止地跟着风吹，
风吹：
吹远了草香，落叶，
吹远了一缕云，像烟——
像烟。

原本只是一场寻常的雨后天，而在林徽因的笔下，我们却看到了那绵延的青草，沾着晶莹的雨珠，在微风的吹拂下，像云，像烟，像一首意境悠远的小诗。

静坐

冬有冬的来意,

寒冷像花,——

花有花香,冬有回忆一把。

一条枯枝影,青烟色的瘦细,

在午后的窗前拖过一笔画;

寒里日光淡了,渐斜……

就是那样地

像待客人说话

我在静沉中默啜着茶。

在女诗人的笔下,冬天不再只有肃杀,它也自有来意,有着花一样的寒冷,带着回忆一把。冬日的景致美成一幅画。当夕阳西下,就像客人离开一般,留下令人回味的言语。在这样的静坐中,我们才知道,原来冬天也可以像太太客厅中的客人一样,带给林徽因回忆的芬芳和诗意的心绪。在这首精致的小诗中,我们看到的是林徽因精巧的心思,哪怕时光老去,透过文字的缝隙,依然可以看见她留给岁月的惊艳。

背上行囊,就是过客,带着记忆,就有故乡。林徽因就这样一直努力守住记忆的芬芳,在离别面前,在时间面前,让记忆深处的芬芳萦绕,让山重水复的流年从容而美好。即使天涯海角,即使痛苦流离,多年之后重新相聚,因为林徽因,他们仍然能感受到"太太客厅"的存在。

今日泪流泉

> 弟弟，我没有适合时代的语言来哀悼你的死；它是时代向你的要求，简单的，你给了。

人的一生总要经历苦痛折磨、生离死别。所以婴儿都会带着啼哭来到这世间。在那些繁花似锦背后，总有落红无数，在那些如花笑靥背后，也有红颜多难。想起这样一句诗"昔日横波目，今作泪流泉"，林徽因那双来自江南深处的横波含情目，在无数的离别面前，在国仇家恨面前，也变成了一双流泪的清泉。

佛曰，人生有八苦：生、老、病、死、爱别离、恨难休、求不得、放不下。这样的苦会在每个人的生命历程中，悄然出现，让人猝不及防、疼痛不已。其中最难以承受的便是至亲的离去，一句"节哀顺变"显得苍白而无力。当死亡袭来，当离别突至，那样的剧痛是令人难以承受的。即使时间能够止住淋漓的鲜血、能够抚平剧痛的伤痕，但当时的痛仍无言可表。

对于林徽因来说，她这一生虽然精彩但也坎坷，充满着无奈与离别。最早接触的死亡是祖母游氏的离去，林徽因自幼由祖父母带大，祖母的离开让她幼小的心灵明白了死亡的含义，或许还不懂得锥心之痛，但是也会失声痛哭。

梁思成的母亲，也就是林徽因的婆婆李夫人，她的去世，让林徽因感受到了死亡原来和自己如此之近。尽管李夫人对林徽因诸多为难，但她是梁思成的母亲，林徽因对于她的离去也是唏嘘伤感着的。当时的她没有想到，不久之后自己的父亲也会死于一场战乱。这样突如其来的噩耗让林徽因身心俱损，身在异国他乡的她承受不住这样的打击，一场重病让我们仿佛感受到了她那撕心裂肺的疼。

徐志摩于林徽因而言一直是一个十分特殊的存在，徐志摩对林徽因的爱慕人所共知，而林徽因却从来没有承认过自己对于徐志摩的"爱情"。即便没有爱情，徐志摩的深情也是让林徽因动容的，林徽因没有选择他，更多的原因是不合适，并不代表没有情。这份情或许无关风月，只是欣赏，但是这份欣赏也是发自内心的。她希望，徐志摩在这世上的某个角落里过得很好，在某一个不经意的时刻能彼此惦念，在哪一天可以围在火炉旁共诉平生。可是徐志摩就这样猝然离去，这样真实的死亡让林徽因更是痛不欲生。她写下了《悼志摩》《纪念徐志摩去世四周年》等作品。这世上不再有这位遗世独立的诗人了，可是林徽因却一直没有忘记他。

战乱的时代里，"覆巢之下，安有完卵"，死亡和离别随时会袭来。但是这种疼痛永远不会因为经历得太多而麻木。林徽因是一个敏感而长情的人，每一次经历生离死别，她的痛都那么清晰。那一年的方玮德只有二十七岁，他也是一个早慧的诗人，正如当年的徐志摩。命运对他也是不公平的，当他还是一颗熠熠生辉的新星的时候，可怕的病魔就吞噬了他年轻的生命。林徽因写下这一首《吊玮德》，用诗歌表达自己对待死亡的态度：

吊玮德

玮德，是不是那样，

你觉到乏了，有点儿

不耐烦，

并不为别的缘故

你就走了，

向着哪一条路？

玮德你真是聪明；

早早的让花开过了

那顶鲜妍的几朵，

就选个这样春天的清晨，

挥一挥袖

对着晓天的烟霞

走去，轻轻的，轻轻的

背向着我们。

春风似的不再停住！

春风似的吹过，

你却留下

永远的那么一颗

少年人的信心；

少年的微笑

和悦的

洒落在别人的新枝上。

我们骄傲

你这骄傲

但你，玮德，独不惆怅

我们这一片

懦弱的悲伤？

黯淡是这人间

美丽不常走来

你知道。

歌声如果有，也只在

几个唇边旋转！

一层一层尘埃，

凄怆是各样的安排，

即使狂飙不起，狂飙不起，

这远近苍茫，

雾里狼烟，

谁还看见花开！

你走了，

你也走了，

尽走了，再带着去

那些儿馨芳，

那些个嘹亮，

明天再明天，此后

寂寞的平凡中

都让谁来支持？

一星星理想，难道

从此都空挂到天上？

玮德你真是个诗人

你是这般年轻，好像

天方放晓，钟刚敲响……

你却说倦了，有点儿

不耐烦忍心，

一条虹桥由中间拆断；

情愿听杜鹃啼唱，

相信有明月长照，

寒光水底能依稀映成

那一半连环

> 憧憬中
> 你诗人的希望!
>
> 玮德是不是那样
> 你觉得乏了,人间的怅惘
> 你不管;
> 莲叶上笑着展开
> 浮烟似的诗人的脚步。
> 你只相信天外那一条路?

透过诗文,我们仿佛看到林徽因强忍泪水,带着微笑和这位朋友悄悄话别,尽管故作轻松,尽管努力平静,字里行间,那悲痛与怜惜的心情依然让人不忍直视。在死亡面前,谁都无法逃避,方玮德离开了,作为朋友、作为知己,林徽因送他最后一程,用这样的诗歌,这样的语言,努力拭去眼含的泪水。

1937年,林徽因一家离开北京避难,从长沙到昆明的途中,林徽因肺病突然犯了,高烧到四十摄氏度,加上拖家带口,旅馆老板嫌他们晦气,甚至不愿给他们一处栖身的地铺。走投无路中,林徽因与梁思成认识了一群中国空军杭州觅桥航校的学员。他们热情地收留了梁思成与林徽因,并且结下了深厚的友谊。

航校的毕业典礼上,有八位学员的家长因为在沦丧区,没法亲自参加毕业典礼,梁思成甚至以名誉家长的名义来参加这群孩子的毕业典礼。看着这一张张洋溢着青春笑脸的年轻人，见惯了残酷场面的林徽因只能从心中祈祷，祈祷战争不要侵蚀这些年轻而鲜活的生命。

然而，从1940年开始，林徽因和梁思成等来的却是这八个孩子一个又一个噩耗。作为"家长"，面对一封又一封的阵亡通知书，想想不久之前还洋溢着热情笑脸的年轻人，林徽因更加痛恨战争的残酷。在噩耗的再三打击下，原本生着病的林徽因病情加重。她躺在病榻上，抚摸着这些年轻孩子们留下的日记本和遗照，泪水一次又一次浸透双眸。

因为这一段特殊的缘分，每年的七七事变纪念日那天，林徽因全家都会在十二点准时默哀三分钟，为那些相识甚至素昧平生的抗日英雄们。多年之后，长大成人的梁从诫还多次写下文章，悼念自己的这几位"飞行员哥哥"们。

这样的苦难好像没有尽头，1941年3月，噩耗再次传来，这一次是林徽因的三弟林恒。由于后方防控警戒系统的漏洞，大批敌机已经来到了成都的上空，我方只有几架驱逐机得到命令，仓促应战。林恒所驾驶的飞机刚刚离开跑道就被日军击落在不远处，这个满怀救国救民热情的飞行员还没来得及参加一次像样的战斗，就献出了自己宝贵的生命。

那时候的林徽因病重，是梁思成匆匆从重庆赶往成都为林恒收殓遗体，掩埋于一处无名的墓地里。林恒只留下了一套军礼服，一把刻有蒋介石名字的毕业纪念佩剑，梁思成用一个黑包裹住，带回了李庄。当病中的林徽因看到疼爱的弟弟留下的这些遗物时，甚至连哭泣都已经忘了。坐在窗前，她感到自己的泪水都快要流干了，擅长说话、喜欢说话的她甚至没有任何的言语。她摊开笔墨，写下一首长诗——《哭三弟恒》：

哭三弟恒

——三十年空战阵亡

弟弟，我没有适合时代的语言
来哀悼你的死；
它是时代向你的要求，
简单的，你给了。
这冷酷简单的壮烈是时代的诗
这沉默的光荣是你。

假使在这不可免的真实上
多给了悲哀，我想呼喊，
那是——你自己也明了——
因为你走得太早，
太早了，弟弟，难为你的勇敢，
机械的落伍，你的机会太惨！

三年了，你阵亡在成都上空，
这三年的时间所做成的不同，
如果我向你说来，你别悲伤，
因为多半不是我们老国，

而是他人在时代中辗动,
我们灵魂流血,炸成了窟窿。

我们已有了盟友、物资同军火,
正是你所曾经希望过。
我记得,记得当时我怎样同你
讨论又讨论,点算又点算,
每一天你是那样耐性的等着,
每天却空地过去,慢得像骆驼!

现在驱逐机已非当日你最理想
驾驶的"老鹰式七五"那样——
那样笨,那样慢,啊,弟弟不要伤心,
你已做到你们所能做的,
别说是谁误了你,是时代无法衡量,
中国还要上前,黑夜在等天亮。

弟弟,我已用这许多不美丽言语
算是诗来追悼你,
要相信我的心多苦,喉咙多哑,
你永不会回来了,我知道,
青年的热血做了科学的代替;

中国的悲怆永沉在我的心底。

啊,你别难过,难过了我给不出安慰。
我曾每日那样想过了几回:
你已给了你所有的,同你去的弟兄
也是一样,献出你们的生命;
已有的年轻一切;将来还有的机会,
可能的壮年工作,老年的智慧;

可能的情爱,家庭,儿女,及那所有
生的权利,喜悦;及生的纠纷!
你们给的真多,都为了谁?你相信
今后中国多少人的幸福要在
你的前头,比自己要紧;那不朽
中国的历史,还需要在世上永久。

你相信,你也做了,最后一切你交出。
我既完全明白,为何我还为着你哭?
只因你是个孩子却没有留什么给自己,
小时我盼着你的幸福,战时你的安全,
今天你没有儿女牵挂需要抚恤同安慰,
而万千国人像已忘掉,你死是为了谁!

在这首诗中，林徽因不仅写出了自己难以言说的悲痛，还言明了时代、历史和中国在战争中的疼痛，她从来不畏惧死亡，她只是痛惜这样毫无意义的牺牲！林家的孩子从童年就经历了死亡，从小就读懂了战争，林长民也是在炮火中失去了宝贵的生命。林恒中学毕业之后，本来是想报考清华大学机械系，实业救国，但是面对战争的洗礼，他选择了弃文从武。这样一个热切报国的少年，还没有来得及参加一场像样的战争就奉献了宝贵的生命。除了巍巍峨眉山，除了滚滚岷江水，除了悲痛欲绝的林徽因，还有谁会记得这位年轻的飞行员呢？

时代是残忍的，战争更是残忍的，这些生离死别的苦难让林徽因的生命多了些厚重的色彩。作为一个女人，在时代的风云变幻中，在命运的反复无常里，学会了坚强，也学会了担当。

第五章

何处是归处

你是人间
四月天

至少北平都记得

> 这叶落了的秋天 听风扯紧了弦索自歌挽……这秋，这夜，这惨的变幻！

对于林徽因而言，北平是一个特殊的存在，那里曾经有她的家，有属于她的太太的客厅。多年漂流在外，她总是会想起北平，想起那些如诗如画的岁月，想起那些曾经陪伴着她的朋友们。那些"流浪"在外的日子。午夜梦回，林徽因总还可以看见北平，她心中的家；颠沛流离中，林徽因多想再回到这座城市，回到阔别已久的"太太客厅"中。

1946年，在抗日战争胜利一周年之后，林徽因终于回到了阔别九年的北平。战争留下的疮痍让林徽因几乎不敢辨认眼前这座曾经无比熟悉的城市。可是，她心中仍然想着，回来就好！有生之年，还能回到这座城市中，于她已经是极大的恩赐了。他们一家乘车进城，沿途风景依旧，牵动着林徽因心中最柔软的情思，虽然也有变化，但是那熟悉感还是让她红了眼眶。他们一家来到宣武门内西南联大复原教职工接待处暂住。对于这时候的林徽因而言，住在哪里都好，她已经学会了随遇而安，学会了在流转的岁月里，找寻自己的坐标。

回到北平之后，南京教育部指令梁思成创建清华大学建筑系并担任系主任。不久，梁思成接到通知，教育部和清华大学委派他到美国考察战后的建筑教育。与此同时，梁思成也收到了美国耶鲁大学和普林斯顿大学的邀请，请他到美国做访问学者，同时参加"远东文化与社会"国际研讨会的领导工作。这是国际社会对梁思成在二战期间不畏艰难坚持研究和保护古建筑工作的肯定。他的研究成果和论文在国际上都引起了极大的轰动。

面对这样的荣誉，梁思成犹豫着，他多希望妻子能和自己一起享受这成功的喜悦，因为每一份成绩里都有林徽因默默地陪伴和付出。然而，林徽因的身体每况愈下，加上梁思成出国，接替他的是土木系的教授吴柳生，他并不过问专业工作，只是协助，凡事都要助手同林徽因沟通。梁思成担心妻子的身体，希望能陪在她身边，悉心地照料，而林徽因却希望丈夫能走出国门，带回更多更实用的教育、教学理念。她对丈夫说："你放心地去，家里有我，我会照顾好自己！也会照顾好家里的一切！"

梁思成知道妻子说一不二的个性，带着满心的牵挂，他踏上了前往美国的飞机。他知道妻子林徽因会为他打理好身后的"家"——他们的家还有他牵挂的建筑教育事业。那时候的建筑系人员尚未到位，只有林徽因和吴良镛两个人，那些琐碎的事情——课程设置、教师聘用、教学组织、设备添置，等等，林徽因都要亲力亲为。

建筑系设在水力馆的二楼，只有几间空房子和12名学生，开学在即，系里却只有简单的图板和画凳。林徽因只能把相关的图例和图书从自己的家中运到学校。她根据在东北大学的教学经验，决定先把画法几何以及素描等课程开起来。开学典礼那天，忙碌许久的林徽因甚至下不了床,她只能委派自己读中学的儿子代表她参加。

林徽因是忙碌的,但是她却感受到了久违的充实和幸福。这份忙碌让她充满活力。正如她多年前写下的那首《秋天,这秋天》:

秋天,这秋天

这是秋天,秋天,

风还该是温软;

太阳仍笑着那微笑,

闪着金银,夸耀

他实在无多了的

最奢侈的早晚!

这里那里,在这秋天,

斑彩错置到各处

山野,和枝叶中间,

像醉了的蝴蝶,或是

珊瑚珠翠,华贵的失散,

缤纷降落到地面上。

这时候心得像歌曲,

由山泉的水光里闪动,

浮出珠沫,溅开

山石的喉嗓唱。

这时候满腔的热情

何处是归处

全是你的，秋天懂得，
秋天懂得那狂放，——
秋天爱的是那不经意
不经意的凌乱！

但是秋天，这秋天，
他撑着梦一般的喜筵，
不为的是你的欢欣：
他撒开手，一掬璎珞，
一把落花似的幻变，
还为的是那不定的
悲哀，归根儿蒂结住
在这人生的中心！
一阵萧萧的风，起自
昨夜西窗的外沿，
摇着梧桐树哭。——
起始你怀疑着：
荷叶还没有残败；
小划子停在水流中间；
夏夜的细语，夹着虫鸣，
还信得过仍然偎着
耳朵旁温甜；

但是梧桐叶带来桂花香,

已打到灯盏的光前。

一切都两样了,他闪一闪说,

只要一夜的风,一夜的幻变。

冷雾迷住我的两眼,

在这样的深秋里,

你又同谁争?现实的背面

是不是现实,荒诞的,

果属不可信的虚妄?

疑问抵不住简单的残酷,

再别要悯惜流血的哀惶,

趁一次里,要认清

造物更是摧毁的工匠。

信仰只一细炷香,

那点子亮再经不起西风

沙沙的隔着梧桐树吹!

如果你忘不掉,忘不掉

那同听过的鸟啼;

同看过的花好,信仰

该在过往的中间安睡。……

秋天的骄傲是果实,

> 不是萌芽，——生命不容你
>
> 不献出你积累的馨芳；
>
> 交出受过光热的每一层颜色；
>
> 点点沥尽你最难堪的酸怆。
>
> 这时候，
>
> 切不用哭泣；或是呼唤；
>
> 更用不着闭上眼祈祷；
>
> （向着将来的将来空等盼）；
>
> 只要低低的，在静里，低下去
>
> 已困倦的头来承受，——承受
>
> 这叶落了的秋天，
>
> 听风扯紧了弦索自歌挽：
>
> 这秋，这夜，这惨的变幻！

  林徽因眼中的秋天是一场华丽的筵席，秋天有骄傲的果实，有走过庄周梦里的蝴蝶。从这首诗中我们可以看出，对于季节的交替，岁月的更迭，林徽因始终充满感恩的心。她不肯做那悲情女子，不愿对过往低头，所以她喜欢怀旧，却不会沉迷。这样一个美好的女子，也许我们应该留给她更多祝福。无论她飘散至人间的哪个角落，都希望她可以日日平宁，岁岁逢春。

  回到阔别已久的北平，在忙碌的秋日里，我们看到了林徽因这些年与北平"华贵的失散"。北平的秋日依旧，林徽因的内心也更加强大，哪怕

随遇而安，在流转的岁月里，找寻自己的坐标。

经历了那么多苦难流离,她依旧能够坚持自己的本心,为爱坚持,为梦执着。

正如吴良镛在回忆中说的:"她躺在病床上,把一个系从无到有地办起来。可惜,这并不十分为人所知。"林徽因在忙碌中甚至会忘记自己仍在病中,由于劳碌过度,林徽因的肺病更严重了,甚至感染到了肾部,她不得不面临手术。可是她仍旧乐观地给好友费慰梅写信:

"我应当告诉你我为什么到医院来。别紧张,我只是来做个全面体检。做一点小修补——用我们建筑术语来说,也许只是补几处漏顶和装几扇窗纱……"

林徽因用这样的乐观面对病魔,也感染着身边的人。

病中的林徽因在那年八月把家搬到了清华大学新林院8号——知名教授住宅区。这里是一座独栋的西式住宅,由于这些名教授的入住,红砖灰瓦间多了几许文化底蕴。这里的林徽因和那些老朋友住得更近了一些,尤其是离那位"择林而居"的金岳霖。

在梁思成外出的日子里,林徽因亲手参与组建的建筑系开始正式授课了。一年级的第一次设计课是设计"公园大门",教师吴良镛和12名学生经过昼夜奋斗,将作业送到了林徽因的病榻上。看着这次的工作成果,林徽因欣喜极了,她叫来老金,同她一起看着,品评着。她从专业的角度评价这些作品,哪一张的布局精巧,哪一张的氛围处理到位。老金坐在旁边,叼着烟斗,幽默地说:"我倒是看不出这些,不过,如果可以选择,我更愿意从这个门进去……"难得安静的时光,病中的林徽因看着学生们的进步，欣慰不已。

　　林徽因还用营造社所剩无几的经费，组织学生进行了一次对恭王府的测绘，吴良镛和学生们按照林徽因的要求写了"开题报告"，写下了《恭王府后苑的园林艺术》一文。

　　教学有条不紊地进行着，林徽因感到由衷的欢喜。可是时局的变化却让她隐隐不安。战后的北平，物价飞涨，清华大学门前经常挤着一个又一个卖衣物的学生，他们甚至用笔在自己面前写着"卖尽身边物，暂充腹中饥"。看着孩子们的艰难，林徽因心疼极了，可是那时候的梁家也非常困难，仅仅能维持自己的生计而已。饥饿的阴影和内战的恐慌让教学工作举步维艰。林徽因组织建筑系的学生成立了公益美术设计小组，承揽社会上的一些私活，来维持学生们的生计。她竭尽自己的所能，努力维持着建筑系的发展，像呵护自己的孩子一样呵护着学生们的成长。

　　当梁思成接到林徽因病重的电报匆匆归来的时候，他看到眼前的建筑系从两排空空的房子到如今初具规模、走上正轨的教学楼。他知道在这一切的背后，妻子付出了多少。看着病重的妻子，他收起眼中的泪水，向妻子和孩子们展示他从美国带回的礼物。由于发烧，林徽因的手术被延后，梁思成默默地陪在她身边。

　　林徽因的努力没有白费，后来，清华大学建筑系取得了良好的教学成果。多年之后，林徽因的感人事迹开始传播开来，在她去世几十年之后，她所教过的学生——罗哲文、郑孝燮、关肇邺……包括那年还年轻的老师吴良镛，已成为步履蹒跚、满头白发的建筑系泰斗，他们重新走进清华园，回忆着恩师林徽因曾给予他们的教诲。

风雨来相摧

> 我见到古城在黄昏中凝神，乌鸦噪聒的飞旋，废苑古柏在困倦中支撑。

"山雨欲来风满楼"，彼时的时局就是如此。作为学者，梁思成和林徽因一直不愿意走进政治的旋涡之中。可是，他们深爱着自己的祖国，热爱着这片古老的土地。在林徽因养病期间，"抓学匪、抓共产党"的闹剧不断上演，飞机炸弹的轰鸣让他们回想起了那些年经历的战争。

他们痛恨战争，他们也知道，蒋家王朝的气数将尽，中国又将迎来一场翻天覆地的变革。人民解放军已经兵临城下，林徽因和梁思成明白，这是一场必然的胜利，属于广大人民的胜利。只是，他们担心那些珍贵的文物和建筑，他们更担心这座历尽沧桑的北平城会在新的炮火中在劫难逃。

那一天，在林徽因和梁思成的忐忑中，张奚若带来了两位军官模样的人，在他们夫妻二人的错愕中，介绍道："这两位是解放军十三兵团政治部联络处负责人，他们有事请你们帮忙。"

两位军人给林徽因和梁思成敬了一个军礼之后，道明了自己的来意：

"梁先生、林先生，我们早闻二位是国内著名的古建筑学家，现在我们的部队正在为进攻北平做准备，万一与傅作义将军和谈不成，只好被迫攻城，兵团首长说要尽可能保护古建筑，请二位先生在这张地图上给我们标出重要古建筑，划出禁止炮击的区域，以便攻城时炮火避开。"

听完二位的来意，林徽因和梁思成热泪盈眶，他们握住两位军官的手，不停地说："谢谢你们！谢谢你们！"

这声"谢谢"饱含着两位建筑学家内心最高的真诚，他们一直悬着的心终于放了下来。他们连夜在地图上标出了重要的古建筑，那一夜，二人终于睡了个安稳觉。

可是，他们不知道，这场浩劫才刚刚开始，属于他们的疾风骤雨还会在不远的未来接踵而至。

1953年10月，中国建筑学会成立，梁思成被推举为副理事长，林徽因被选为理事，他们二人还兼任了建筑研究委员会委员。当他们以为可以继续完成自己的建筑梦想的时候，令人始料不及的"拆城墙"运动轰轰烈烈地开始了。

他们深爱这座城市，无论是它的古朴沧桑还是恢宏气势，包括那安静祥和的四合院，都是北京城的印记，怎么甘心，怎么忍心看它被拆除，被破坏！多年前，林徽因就曾饱蘸深情地写过一首《城楼上》：

城楼上

你说什么？

鸭子，太阳，

何处是归处

城墙下那护城河?

——我?

我在想,

——不是不在听——

想怎样?

从前,……

——对了,

也是秋天!

你也曾去过,

你?那小树林?

还记得么;

山窝,红叶像火?

映影

湖心里倒浸,

那静?

天!……

(今天的多蓝,你看!)

白云,

像一缕烟。

谁又啰唆?

> 你爱这里城墙，
>
> 古墓，长歌，
>
> 蔓草里开野花朵。
>
> 好，我不再讲
>
> 从前的，单想
>
> 我们在古城楼上
>
> 今天，——
>
> 白鸽，
>
> （你准知道是白鸽？）
>
> 飞过面前。

　　这是那年的城楼上，那时候的林徽因意气风发，她找到了自己的建筑梦想，并且确定将之作为自己将一生为之奋斗的事业。这城墙之中不仅蕴含着厚重的历史文化，也是动人的建筑群体。她无法想象，那些美好的记忆还未散尽，那两位军官的嘱托言犹在耳，怎么就开始了这样的浩劫呢！为了保护这些古城墙，林徽因和梁思成殚精竭虑。在这场浩大的保卫战打响之后，梁思成第一时间和南京的建筑学家陈占祥一起拟定了《关于中央人民政府行政中心区未知的建议》，也就是后来著名的"梁陈方案"。

　　可是这份方案很快就被否决了，刚刚成立的新中国百废待兴，没有精力建一个新区。更重要的是，决策者们认为以天安门作为北京的中心也有着重要的政治意义，加上它本身的政治色彩，就应该成为新中国的行政中心。

在一次大型的庆典活动中，中央的一位领导人告诉梁思成，将来从天安门城楼望出去，应该处处都是烟囱！梁思成惊讶得几乎说不出话来，他无法理解为什么要将这座充满历史底蕴的城市变成一个烟囱的丛林，他希望北京城能像巴黎、像罗马一样成为世界知名的历史名城，保存着这里独特而深厚的历史记忆！

震惊之余，他迅速拿出方案，希望能尽自己的力量来保护这座古城，他提出了"城市立体公园"的设想，可以在城墙上修建花池、栽种植物，供市民登高、乘凉；城墙角楼可以开辟为陈列馆、茶点铺和阅览室。

由于这个构想，他们被划为了"城墙派"。主张拆墙的人甚至提出，城墙是古代的防御工事，是封建帝王为镇压农民起义而建立的，乃是封建帝王统治的遗迹，是套在社会主义首都脖子上的枷锁，必须被拆除。

梁思成大声疾呼，却无能为力，他像一个踽踽独行的勇士，明知是毫无希望的呐喊，却仍然在坚持。好在还有林徽因，在这场保护城墙的"战役"中，林徽因是梁思成最亲密的战友。林徽因手术之后身体一直不好，所以多数时候都是梁思成出面，而一旦由林徽因出场，她鲜明的态度和犀利的言辞总能给人留下深刻的印象。

1953年，大规模的拆城墙运动轰轰烈烈开展起来，林徽因和梁思成为了保护这些古城墙疲于奔命却无可奈何。在焦灼中，林徽因的肺病加重，她在一次聚会中掷地有声地说："你们现在拆的是真古董，有一天，你们后悔了，想再盖，也只能盖个假古董了！"

一语成谶。2004年8月18日，重建的永定门城楼竣工。回想那一场

他们深爱着这座城市,爱它的沧桑古朴、爱它的气势恢宏。

拆城墙运动，回想那一年大声疾呼的林徽因和梁思成，我们只能回报一声沉重的叹息！

多方奔走无效之后，林徽因和梁思成找到了周总理，书生意气的梁思成大声呼喊一定要保护古城墙。他不知道身居总理之位的周恩来也有自己的无奈之处，他努力做着梁思成的思想工作。可是这位耿直的建筑学家眼里只有建筑，没有政治。梁思成和周总理站在城楼上，他动情地对总理说："您看，夕阳的余晖照在帝王庙牌楼上，呈现的是我国浓郁的传统文化，营造的是古诗般的意境。"总理知道，自己劝不动梁思成，他只能无奈地说："夕阳无限好，只是近黄昏！"

于是后来，林徽因写下了一首《古城黄昏》：

古城黄昏

我见到古城在斜阳中凝神；

城楼望着城楼，

忘却中间一片黄金的殿顶；

十条闹街还散在脚下，

虫蚁一样有无数行人。

我见到古城在黄昏中凝神；

乌鸦噪聒的飞旋，

废苑古柏在困倦中支撑。

无数坛庙寂寞与荒凉，

> 锁起一座座剥落的殿门!
>
> 我听到古城在薄暮中独语;
> 僧寺悄寂,熄了香火,
> 钟声沉下,市声里失去;
> 车马不断扬起年代的尘土,
> 到处风沙叹息着历史。

像是呼应丈夫的言论,也是对古城最后的缅怀,林徽因写下了这样一首《古城黄昏》。古城仿佛也知道了自己的命运,它选择"在黄昏中凝神","车马不断扬起年代的尘土,到处风沙叹息着历史",在历史的洪流中,梁思成和林徽因尽了自己最大的努力,然而他们的力量显得微不足道。

新中国成立之初,党和国家对知识分子的政策还比较宽松,虽然也开展了改造他们思想的"洗澡"运动,但是并没有造成很大的伤害。虽然,在保护城墙的运动中,梁思成和林徽因接连碰壁,但是在新中国成立之初,林徽因的好友张奚若、周培源等都被委以重任。梁思成和林徽因也获得了若干的职位和荣誉:

梁思成被任命为全国政协委员、北京市政协副主席、北京市人民政府委员……而林徽因虽在病中,也被任命为北京市都市计划委员会委员、全国文代会代表、中国建筑学会理事、《建筑学报》编委……尽管她对此并不在乎,但是政府的盛情还是让林徽因感动。特别是政府领导对于她身体的关怀，在距离林家很远的地方，学校就竖起了告示牌：这里住着病人，需要静养，请勿喧哗。在林徽因治病之际，坚持拆城墙的市政府秘书长还专门为她收拾出一套偌大的四合院，并专门装上了暖气。所以，即使拖着病躯，林徽因也竭尽全力地为祖国的建筑事业挥洒热血。

保护古城墙运动的失败给林徽因和梁思成心中带来一些创伤。但是，他们对于新社会的一片赤诚之心却并没有丝毫改变。尤其是林徽因，她不遗余力地为新中国的建筑事业奉献着自己最后的余热。当梁思成因为"大屋顶"遭受批判的时候，林徽因已经病入膏肓。梁思成自然不会将自己的际遇告诉妻子，外边的风雨再大，梁思成也希望为病房中的林徽因提供一片安宁。

在风雨袭来之前，林徽因努力工作，短短几年时间，林徽因在病榻上便创办完成了清华建筑系、参与了国徽设计，留住了惊世的景泰蓝工艺……除此之外，她还系统地讲授了"近代民宅"这一课程，指导学生们的毕业论文，组织编绘了《中国建筑彩画图案集》，发表了若干学术论文。"病树前头万木春"，即使只能留在病床之上，林徽因也努力地给年轻教师指点，为学生补习英文，为已经毕业的学生答疑解惑。甚至连她母亲都说："讲起课来就像没有病了。"

暴风雨到来之前，难得的宁静岁月里，虽然身体每况愈下，林徽因的精神却是愉悦的，她用尽最后的力气，用惊人的力量完成了大量常人难以完成的工作。

国徽中的璀璨

> 笑脸向着晴空 你的林叶笑声里染红 你把黄光当金子般散开 稚气、豪侈，你没有悲哀。

1949年7月10日，中华人民共和国成立前夕，新政协筹委会在《人民日报》等各大刊物上，刊登了公开征集国旗、国徽和国歌的启事。征稿的截止日期是8月15日。其中对于国徽的要求是：甲：中国特征；乙：政权特征；丙：形式须庄严富丽。

这则启事一经发出，就点燃了全球华人的热情，在国徽征选结束时，已经收到了全国各地包括海外侨胞寄来的图案作品九百多件，这些作品中包含了中华儿女对新中国深深的热爱。虽然这些作品都没有最终入选，但是其中却不乏精品，为后来的国徽设计提供了丰富的灵感。经过政协筹委会的几次协定，最终决定将国徽的设计任务交给清华大学和中央美院来完成。

这是清华的殊荣，接到通知后不久，梁思成和林徽因就在家中召集了建筑系的教师莫宗江、李宗津、朱畅中、汪国瑜、张昌龄和胡允敬开会，组成了国徽设计小组。梁思成传达了国徽的设计理念及周恩来总理提出的"增加天安门还要增加稻穗"要求。梁思成将当前美术家们所设计的优秀作品进行了汇总,提出了设计的意见。

由于事务繁忙,梁思成只能做大致的主持和领导,无暇顾及具体的工作,实际的执行工作就落到了林徽因和她的合作者身上。梁从诫在《倏忽人间四月天》中就曾经指出,国徽中的很多设计都是由母亲首先提出,并勾画成草图的。梁思成在给女儿的信中曾这样写道:

"技术工作全是由妈妈负责指挥总其成,把你的妈妈忙得不可开交,我真是又心疼、又不过意。但是工作一步步地逼迫着向前走,紧张兴奋热烈之极,同时当然也遭遇许多人事和技术上的困难……妈妈瘦了很多,但精神很好。"

为了设计出最好的作品,林徽因选取了大量优秀的国徽来寻找灵感,关于国徽中要有天安门图像的意见,林徽因也深以为然。她立刻派朱畅中去画天安门的透视图,并从营造社保留下来的宝贵的资料中找到了天安门百分之一和百分之二比例的立体、平面和剖面图。

林徽因不断提出优秀的构思,建议在国徽图案中采用天安门的立面图,不仅要求比例严格还要在视觉上体现天安门广场的深远意境。在一张又一张的图纸描绘与一场又一场的讨论中,大家的思路开始日渐明晰。林徽因始终主张应该放弃多色彩的色彩布局,采用中国传统中寓意尊贵和吉祥的金色和红色来着色。这样不仅显得富丽堂皇,而且具有民族特色,在色彩搭配上也更加醒目美观。

在梁再冰的回忆中写道,当她回到家时,已不是既有的布局,她都怀疑自己走错了地方。往日整洁有序的家里一片狼藉,到处都是散落的资料和图纸。更令她惊讶的是,她那往日病得连床都很少下的母亲此刻正精神焕发地指挥一场智慧的"战役"。

清华大学小组先后送去了23个正式完成的国徽方案,等待审核。1950年6月,经过几个月的鏖战与无数次碰撞修改,清华大学最终确定了国徽方案。在一片喜悦中,林徽因和梁思成双双病倒了。他们不得不一起住院,可是对于结果的牵挂也萦绕在他们的心头。林徽因叮嘱朱畅中,无论结果怎样,都要第一时间通知他们。

1950年6月20日,最终的评选在中南海怀仁堂举行,会议厅中挂着两个方案,左边是清华的方案:外圈环是金色的稻穗,下端用红色的绥带接在齿轮上,国徽中央部分和下方都是金色浮雕的天安门立体图,上方也是金色的浮雕五星,映衬着红色的底子,像是空中飞扬的五星红旗,整个图案左右对称,庄严而肃穆。右边则是中央美院的设计方案:天安门图像采用的是一幅彩色的风景画,天安门的形象也是一头大、一头小,一头高、一头低,有着强烈的透视感,华表只有一个,立在一侧,碧蓝的天空,金色的琉瓦,映着红色的柱墙,加上金桥的白石栏杆、白石华表以及铺地的大理石块,甚至石缝中坚强的小草都依稀可见。可以说,两个方案各有千秋。

看着参加评审的委员们在两幅图案面前来回审视,朱畅中的手心满是汗水。尤其是当田汉提出:"我认为中央美院的方案好,透视感强,色彩也比较明朗。"朱畅中的心更是提到了嗓子眼。这时候的张奚若则提出:"我认为清华大学的方案好,有民族特色,布局严谨、构图端庄,符合国徽最初的设计要求。"朱畅中又稍稍松了一口气。

在大家激烈地讨论中,周总理认真听取着大家的意见,汇总之后,总理又在两个方案面前反复审视,他说"我也投清华一票!"听到总理的支持,朱畅中的眼眶都红了,他多想飞奔出去,告诉林徽因这个好消息。

这时候,周总理问道:"清华大学的梁先生来了没有?"

张奚若遗憾道:"梁先生夫妇生病了,清华大学的朱秘书来了!"

听到这里,朱畅中赶紧收拾好自己的情绪来到总理面前,总理指着图案问道:"这是什么?"

朱畅中回答:"稻穗!"

"能不能向上挺拔一些?"朱畅中回答道:"下垂表示的是丰收,可以改进!"

周总理笑道:"我们现在刚刚建国,还没到丰收的时候,向上挺拔一些更能体现当前的时代风貌,从造型上也更加美观嘛!"

带着入选的喜悦和总理的意见,朱畅中先打电话告诉梁氏夫妇这一好消息。紧接着,他几乎是飞奔着连夜来到了医院,当面和他们分享这一令人振奋的消息。

不顾病重的身体,林徽因用最快的时间带领大家完成了国徽的修订工作,她重新画了国徽的图案,在图纸的上面写下了"国徽"两个大字,在图的下方,她用隶书书写了"国徽图案说明":

一、形态和色彩符合征求条例国徽须庄严而富丽的规定。

二、以国旗和天安门为主要内容，国旗不仅代表革命和工人阶级领导政权的意义，亦可省写国民。天安门则象征"五四运动"的发源地和在此宣告诞生的新中国。合于条例"中国特征"的规定。

三、以齿轮和麦穗象征工农、麦稻并用，亦寓地广物博的意义，以绶带紧结齿轮和麦稻象征工农联盟。

1950年6月23日，全国政协一届二次会议召开，林徽因被特邀参加。在这次会议上，毛泽东提议，全体代表起立，用鼓掌的方式通过了由梁思成和林徽因设计的国徽方案。掌声雷动中，林徽因热泪盈眶。可她已经无力站起来答谢大家的善意了。

一切就像是一场绮丽的梦，一如林徽因多年前写下的这首《昼梦》：

昼梦

昼梦

垂着纱，

无从追寻那开始的情绪

还未曾开花；

柔韧得像一根

乳白色的茎，缠住

纱帐下；银光

有时映亮，去了又来；

盘盘丝络

一切就像一场梦，在一片金黄色中，她湿了眼眶。

一半失落在梦外。

花竟开了,开了;
零落的攒集,
从容的舒展,
一朵,那千百瓣!
抖擞那不可言喻的
刹那情绪,
庄严峰顶——
天上一颗星……
晕紫,深赤,
天空外旷碧,
是颜色同颜色浮溢,腾飞……
深沉,
又凝定——
悄然香馥,
袅娜一片静。

昼梦
垂着纱,
无从追踪的情绪
开了花;
四下里香深,

> 低覆着禅寂,
>
> 间或游丝似的摇移,
>
> 悠忽一重影;
>
> 悲哀或不悲哀
>
> 全是无名,
>
> 一闪娉婷。

这一场忙碌像是一个悠长的昼梦,醒来之时,一闪娉婷。国徽的后续工作还有很多,林徽因带着满心欢喜忙碌着,为国徽最终的诞生不断做着技术指导和修订工作。

这一年,林徽因被任命为北京市都市计划委员会委员兼工程师。终于,在建国后的第二个国庆,病中的林徽因强撑着与梁思成和莫宗江一起来到天安门金水桥头,仰望着天安门城楼上悬挂的国徽,在一片金红色中,她湿了眼眶。

又是一年的秋日。林徽因好像格外偏爱这个季节,也偏爱属于这个季节的金黄色,正如此刻,站在国徽下,她突然想起了三年前自己写下的那首《给秋天》:

给秋天

> 正与生命里一切相同,
>
> 我们爱得太是匆匆;
>
> 好像只是昨天,

你还在我的窗前!

笑脸向着晴空
你的林叶笑声里染红
你把黄光当金子般散开
稚气,豪侈,你没有悲哀。

你的红叶是亲切的牵绊,那零乱
每早必来缠住我的晨光。
我也吻你,不顾你的背影隔过玻璃!
你常淘气的闪过,却不对我忸怩。

可是我爱的多么疯狂,
竟未觉察凄厉的夜晚
已在背后尾随,——
等候着把你残忍的摧毁!

一夜呼号的风声
果然没有把我惊醒
等到太晚的那个早晨
啊。天!你已经不见了踪影。

> 我苛刻的咒诅自己
> 但现在有谁走过这里
> 除却严冬铁样长脸
> 阴雾中，偶然一见。

也是这样一个秋天，林徽因沉浸在回忆里，沉浸在自己的悲伤与难过中，悲春伤秋里，她也只是一个寻常的女子。而如今，她是一位真正的建筑学家，她将她的建筑和艺术天分发挥到了极致。在国徽的璀璨中，也隐藏着林徽因的民族情怀和爱国情怀。她还写过一首《我们的雄鸡》，抒发了她内心对祖国的热爱：

我们的雄鸡

> 我们的雄鸡从没有以为
> 自己是孔雀
> 自信他们鸡冠已够他
> 仰着头漫步——
> 一个院子他绕上了一遍
> 仪表风姿
> 都在群雌的面前！
>
> 我们的雄鸡从没有以为

> 自己是首领
> 晓色里他只扬起他的呼声
> 这呼声叫醒了别人
> 他经济地保留这种叫喊
> （保留那规则）
> 于是便象征了时间！

　　这雄鸡便是我们的祖国，她用饱蘸的信仰和对祖国的热爱绘出了最优秀的国徽。她心中自有丘壑，她看得见祖国的自信与骄傲，她知道终有一天祖国会屹立于世界的东方。

留住这惊世的景泰蓝

黄水塘里游着白鸭,高粱梗
油青的刚高过头,这跳动的
心怎样安插,田里一窄条路,
八月里这忧愁?

在历史的洪流中,有太多的艺术瑰宝被遗忘,正如那个时候慢慢消失的景泰蓝。如果没有林徽因的慧眼识珠和多方奔走,或许这国宝级的艺术就会像那些消失在历史长河中的其他工艺一样,留给后人的,最多只是一句叹息而已。幸运的是,景泰蓝遇见了林徽因,她留住了这惊世的美。

"菩提本无树,明镜亦非台。本来无一物,何处惹尘埃。"这世上的人都应该有一颗纯净而自然的心,才能发现生活中的美。多年以前,林徽因曾经写过一首《题剔空菩提叶》:

题剔空菩提叶

认得这透明体,
智慧的叶子掉在人间?
消沉,慈净——

❀ 她的诗歌如一颗颗炫目的珍珠散落在她人生的每一个角落,将她一生的传奇串起。

> 那一天一闪冷焰,
>
> 一叶无声的坠地,
>
> 仅证明了智慧寂寞
>
> 孤零的终会死在风前!
>
> 昨天又昨天,美
>
> 还逃不出时间的威严;
>
> 相信这里睡眠着最美丽的
>
> 骸骨,一丝魂魄月边留念,——
>
> …………
>
> 菩提树下清荫则是去年!

  遇见是需要缘分的,正如林徽因遇见了那棵菩提树,写下了这首令人惊艳的小诗,智慧的叶子掉在人间,美终究也逃不过时间的威严。但是林徽因却透过这菩提看见了睡眠着最美丽的骸骨以及月边留念的那一丝魂魄。

  可以说,无论是作为哪个角色,林徽因都是出色的,所以经常有人发出要做"林徽因一样的女子"的感慨。那些日子已经渐行渐远,战争、离别、死亡,当然也有际遇,这一切的一切成全了举世无双的林徽因。她是那个时代的惊鸿一瞥,她用一双慧眼记取着时代的美好。

  正如她遇见景泰蓝,也是一种缘分。

  海王村古文化市场一如往日般喧闹,林徽因一众自是这里的常客。海王村又名琉璃厂,是明、清流传下来的书市荟萃之地,藏着无数文人寻求的"宝贝"。早在多年前,张奚若、林徽因、徐志摩、梁思成就爱在这里流连。

阔别多年后的北京城,海王村古文化市场依然满载着林徽因最真挚的回忆。那一天,阳光格外晴好,在国徽设计完成之后,林徽因难得舒适,梁思成便陪着她一起来到了海王村古文化市场"淘宝"。

在那个寻常的旧古玩摊上,林徽因几乎是一眼就看上了那只景泰蓝花瓶。摊主好似遇见了知音一般,向林徽因和梁思成介绍起了这只花瓶:"小姐眼力真好,这可是正宗老天利的景泰蓝花瓶,在别处已经很少能见到了。就是老天利这家老字号,也快坚持不住了,这么好的景泰蓝,热闹了几百年了,快要绝根儿喽!"老人家说着说着甚至伤感了起来。

林徽因真心喜欢这只花瓶,更对这花瓶背后的历史充满了兴趣,她絮絮问着老人关于景泰蓝的境况。老人也是识宝惜宝的人,难得遇见投缘的顾客,他也絮絮地给林徽因介绍着景泰蓝的辉煌历史、精湛的技艺以及堪忧的现状。

言者无意,听者有心,林徽因强撑着病体听老人讲完景泰蓝的境况,回到家中,心却久久不能平静。她望着眼前这只精美绝伦的景泰蓝,为这优秀传统工艺的命运担心不已。于是她和梁思成商量,在清华大学的建筑系成立一个美术组,抢救这濒危的景泰蓝。

知妻莫若夫,早在林徽因与老人讨论景泰蓝的时候,梁思成就知道,妻子上心了。遑论妻子,便是自己,也不忍心让这优秀的工艺"绝根儿"。梁思成笑着对林徽因说:"你想到的,我自然也想到了,你放心,我帮你!"

得到了丈夫的支持，林徽因不顾自己的病体，迅速行动了起来。她挑选了原国徽组的得力干将莫宗江、高庄，又选择了常沙娜、钱美华和孙君莲三个小姑娘一起成立了抢救景泰蓝小组。

多年之后，林徽因已经逝去，昔日的小姑娘们如今也已经白发苍苍。常沙娜成了中央工艺美术学院院长，钱美华担任了北京珐琅厂总设计，都是国内为数不多的景泰蓝专家。回忆起那年和老师林徽因一起抢救景泰蓝的日子，她们仍觉得往事虽远，却历历在目。

第一次课上，林徽因拿着买来的那只景泰蓝花瓶，这是很多人第一次见到或者注意到景泰蓝花瓶。这精妙的技艺马上引起了大家的注意，林徽因向大家讲述了景泰蓝的历史与发展：

"掐丝珐琅，又名景泰蓝，中国的著名特种工艺品之一。景泰蓝与雕漆、玉器、象牙被称为北京工艺品的四大名旦，她是工艺美术世界里一颗璀璨的明珠。景泰蓝以其悠久的历史、典雅优美的造型、鲜艳夺目的色彩、华丽多姿的图案、繁多的品种造型让人赞叹她那无可比拟的艺术魅力和光彩夺目的艺术形象。"

林徽因皱着眉头说："景泰蓝是国宝，不能让它失传，一定要做好优秀民族艺术的传承工作！"

大家群情激昂，可是要保护这一艺术工艺，仅凭热情是远远不够的。首先要更了解，才能有所行动。

为了更加深入地了解景泰蓝的生产工艺和现状，林徽因带着莫宗江一行人用了一整天才找到了几家生产景泰蓝的小作坊。他们甚至不敢相信自己的眼睛。这绝世的景泰蓝生产作坊中只有三五个老师傅、几副不起眼的小炉灶，产量很低，销量更低。

当林徽因向老师傅们说明他们的来意，表示他们是清华大学专门成立的恢复景泰蓝工艺小组时，很多老师傅当时就热泪盈眶："你们一定要救救景泰蓝！景泰蓝不能就这样失传啊！"

得到了这些老师傅们的信赖和支持之后，他们的工作顺畅了很多。他们很快就了解到，景泰蓝发展中存在的诸多瓶颈与问题：作坊生产、图案单调，手工艺后继无人、青黄不接，加上产量低、销售不畅，缺乏竞争力和市场刺激……

找到了问题的根源，接下来就是如何解决了。这时候的林徽因仿佛又回到了国徽设计的那个时期，整个人虽然病色依旧，但是精神抖擞。她决定带领她的组员革新设计理念，调整生产结构。

这也是一项繁重的工作，需要大量的时间和精力，而林徽因最缺乏的恰恰就是充足的时间和精力。她只能做好工作安排，自己做最核心的工作。她找到大量优秀的装饰图案，从千变万化的图案中找到适合景泰蓝的设计。然后让学生们将这些画出来，送到作坊给老师傅们品评。

林徽因的病已经很重了，她每次说一会话就要歇很久，但是对于景泰蓝的热情却支撑着她不断思考，积极探索。为了更加了解景泰蓝工艺，林徽因甚至强拖病体和学生们一起来到作坊调查研究，从掐丝、点蓝、烧蓝到磨光、镀金，每一个流程都亲自参与，以便更好地了解工艺，提出发展的思路。

林徽因发动小组中的每一个人都为景泰蓝绘制新的图案。老师傅们看着林徽因拖着病体来回奔波，看着这位"女先生"热情而执着地投入，十分不忍，他们便商量，大家一起到林徽因家里来切磋。这样，林徽因才得到稍稍的休憩，她用自己独特的智慧与审美经验给她的小组和老师傅们提供了很多的创意方向。

一批批新的产品被试制成功，传统的景泰蓝开始散发出更加悠远的光辉。正在这时候，常书鸿从敦煌带着多年来的研究成果归来。看着敦煌的艺术宝库，林徽因兴奋得几乎语无伦次，一向健谈的她只是拉着常书鸿的手，对他说："谢谢你，为我们带回来整个敦煌，给我们的景泰蓝带来了新的生机！"

几乎是迫不及待地，林徽因和莫宗江一起以敦煌飞天为题材，设计图案，赶制了一批别开生面的景泰蓝作品。当时，正值北京召开"亚洲及太平洋区域和平会议"，苏联代表团在中国访问，这批具有敦煌风格的景泰蓝作品，便作为礼物送给了这些客人，得到了客人们的交口称赞。来自前苏联的著名芭蕾舞演员——"天鹅公主"乌兰诺娃更是对这份带有浓郁东方风格和舞蹈特色的作品爱不释手。

1951年，林徽因起草了《景泰蓝新图样设计工作一年总结》，这份报告发表于同年8月13日的《光明日报》上，得到了高度赞誉。

又是一年的八月，经过一年多的努力和"挣命"，景泰蓝堪忧的命运已经被解救，重新恢复了生机。

八月的忧愁

黄水塘里游着白鸭,

高粱梗油青的刚高过头,

这跳动的心怎样安插,

田里一窄条路,八月里这忧愁?

天是昨夜雨洗过的,山岗

照着太阳又留一片影;

羊跟着放羊的转进村庄,

一大棵树荫下罩着井,又像是心!

从没有人说过八月什么话,

夏天过去了,也不到秋天。

但我望着田垄,土墙上的瓜,

仍不明白生活同梦怎样的连牵。

  八月也有如此好的景致,也可以有淡淡的、属于八月的忧愁。林徽因总是能看见别人所看不到的美,正如这惊世的景泰蓝。那时候的林徽因"仍不明白生活同梦怎样的连牵",可是她知道眼前的生活是实现梦想的唯一途径。对艺术的追求让她在纷乱的文物市场一眼看到了景泰蓝,让她愿意为了这卓越的工艺付出常人难以想象的艰辛。或许这才是最真实的林徽因,对梦想执着、对工作认真、对艺术负责的林徽因。她的诗歌如一颗颗炫目的珍珠散落在她人生的每一个角落，将她一生的传奇串起。

1952年，第二届文代会召开，林徽因由于在拯救景泰蓝的工作中做出的突出贡献也受邀参加。在文代会上，林徽因见到了老友萧乾，他几乎不敢相信，眼前这位"老人"是那年"太太客厅"中青春飞扬的林徽因。她才49岁，在忙碌与疾病的折磨下，她失去了往日的风采。可是，萧乾相信，这就是林徽因，也只有她才能发现并留驻景泰蓝的惊世美好。

如今，几十年过去了，北京的景泰蓝工艺仍在飞速地发展着，由解放初期的几个品种拓展到了上百个品种。在林徽因的灵感启发下，其图案变化万千，充满着浓郁的中国韵味，已经成为世界级的工艺产品。

面对这绝伦的艺术品，我们都应该记得，多年前，是那个病弱的身躯，用一双纤细的手，为这一艺术的涅槃重生奉献了她最诚挚的热情。

那一场命定的相遇让他将满腹深情化作了对她漫无目的的等待。

终离你而去

人生，你是一支曲子，我是歌唱的……

　　国徽的璀璨、人民英雄纪念碑的庄严、景泰蓝的惊世之美，都在林徽因的努力下绽放。可是在这样的忙碌之后，林徽因却再也支撑不住了。她的生命开始进入了真正的倒计时。在上一次的手术之前，林徽因已经做好了所有的准备，所以，当她再次病倒之后，她反而显得更加平静了。

　　最终的告别还是来了。

　　人们对林徽因的印象更多地停留在她那首诗作《你是人间的四月天》，即使也有缺憾，但是想到的总是属于她的花好月圆。可是，她的人生也有太多的苦难起伏，1947年，她曾写下这样一首《孤岛》，记录那无助的心情：

孤岛

遥望它是充满画意的山峰

远立在河心里高傲的凌耸

可怜它只是不幸的孤岛，

——天然没有埂堤,

人工没搭座虹桥。

他同他的映影永为周围水的囚犯;

陆地于它,是达不到的希望!

早晚寂寞它常将小舟挽住!

风雨时节任江雾把自己隐去。

晴天它挺着小塔,玲珑独对云心;

盘盘石阶,由钟声松林中,超出安静。

特殊的轮廓它苦心孤诣做成,

漠漠大地又那里去找一点同情?

  那年的林徽因正面临肾切除手术,心像一座孤岛,是的,她不需要同情,她做好了最坏的打算。她甚至不介意"风雨时节任江雾把自己隐去",可是上苍对她还有着那么多的眷恋,多给了她一些时间。

  只是这一次,林徽因也知道自己躲不过去了。彼时对知识分子的批判浪潮开始不断席卷而来。梁思成心疼病重的林徽因,他竭力在林徽因面前隐藏,可是聪慧如林徽因,又怎么会感觉不到呢?

  她只是默默地叹息:"我们知识分子只有那么一点专业知识,如果连这也批得一无是处,那么我们还剩下什么呢?这样近乎卑微的话是从一代才女林徽因口中说出。穿过厚重的历史,如今的我们听来仍觉掷地有声,令人唏嘘。

她的身体已经支撑不住了，不需要各种各样的批判再来"施威"了，林徽因彻底倒下了。1954年的冬天来得格外早，仿佛也格外冷，林徽因住进了北京同仁医院。一开始，梁思成陪伴着妻子，在她生命的最后时光里，他希望自己能守在她身边。可是，梁思成也病倒了，住在隔壁的病房中，梁思成也累了，在各种批判声中，他也支持不住了。曾是最亲密的夫妻，如今隔着一堵墙，却犹如天涯之远。

　　梁思成想起他们从李庄出来时，医生说过的，林徽因活不过五年的断言，想起这十年，林徽因所有的努力与璀璨，他泣不成声。梁思成知道，妻子是如何渡过的这十年，每一份痛苦与煎熬，他都知道。

　　状态好的时候，梁思成会被推到林徽因病床旁边，两人低低地聊着天，回想这梦一样的一生。看着仍然深情的丈夫，林徽因觉得自己是幸运的，那一场命定的相遇让梁思成将满腹深情化作了漫无目的的等待。等她回首，有这样一个翩翩浊世佳公子，守在烟火深处，愿意给她一个温暖的家。梁思成也是幸运的，这一场命定的相遇，让他愿意为了另一个人，忘记自己，为她的喜而喜，为她的悲而悲。她知道自己的脾气不好，她知道这一生梁思成包容了她多少，她多希望自己能再多陪陪他，为他抚平皱起的眉头，像一个普通的、温柔的妻子一样照顾他一次，可是，真的来不及了。

　　早在1947年，林徽因就曾写下一首《人生》，写给她的良人，她的丈夫，她一生的依靠——梁思成：

人生

人生，

你是一支曲子,
我是歌唱的;

你是河流
我是条船,一片小白帆
我是个行旅者的时候,
你,田野,山林,峰峦。

无论怎样,
颠倒密切中牵连着
你和我,
我永从你中间经过;

我生存,
你是我生存的河道,
理由同力量。
你的存在
则是我胸前心跳里
五色的绚彩
但我们彼此交错
并未彼此留难。
…………
现在我死了,

> 你，——
> 我把你再交给他人负担！

从那一年相遇，从林徽因照料病床上的梁思成，从那一年又一年相伴走过的岁月，从那一次又一次不见硝烟的争吵，从那一段又一段再也不会回来的记忆里，她的人生就和他的，纠缠在了一起。他们就这样彼此牵念地走过一生，无论有过怎样的过客，梁思成都是林徽因命定的那个归人，有他在的地方，哪怕颠沛流离，哪怕山穷水尽，都是她的家。

可是，现在，她要先走了，真的要离开了，这离开是死亡，是无法逃避的，所以她选择把他交给他人负担！做这样的选择是因为她真的别无选择，终将离开他了！

林徽因的病危通知单已经发出，几天来，她一直高烧不退，肺部开始大面积感染，医院领导组织了医术最高超的救援小组，然而林徽因的生命已经走到了尽头，再多的努力也只是徒劳。

林徽因也知道，她后来甚至拒绝吃药，她看着玻璃上倒映的自己的影子，她甚至希望自己就这样死去。

3月31日晚上，同仁医院打电话通知已经在新华社工作的梁再冰，妈妈病危。梁再冰立刻赶到医院，这时的林徽因已经不省人事了。医护人员问梁再冰，要不要叫醒你的父亲。梁再冰含泪叫醒父亲，当梁思成看着这样的妻子时，忍不住失声痛哭："受罪呀，徽，受罪呀，你真受罪呀！"这么多年，他经历了妻子被病痛折磨，他不敢放声痛哭，他甚至不敢安慰自己的妻子，因为他明白妻子的倔强与骄傲。此刻，他仿佛要将这一生的眼泪都留给妻子。

也许是回光返照吧,也许是感念到了丈夫的牵挂,深夜,林徽因醒来了,她想见一见梁思成,可是护士告诉她,太晚了,明天吧!

可是,真的不会再有明天了,林徽因的生命定格在了4月1日的凌晨,又是一个人间四月,林徽因告别了这个她无比眷恋的世界,也告别了她眷恋着的梁思成。

林徽因去世之后,《北京日报》发布了她的讣告,她生前的好友自发成立了治丧委员会,成员包括:张奚若、钱端升、周培源、钱伟长、陈岱孙、金岳霖、杨廷宝、吴良镛、陈占祥、柴泽民、赵深、薛子正和崔月犁。

那一年,林徽因主持了徐志摩在北京的追悼会,若干年之后,一帮好友怀着同样沉痛的心情送走了林徽因,这个一生绽放在人间四月的奇女子。

林徽因的灵柩被安放在了八宝山公墓,墓体是梁思成设计的,他实现了曾与妻子的约定,后死者为先去者设计墓碑。碑座是那块横置的长方形汉白玉,是林徽因生前设计英雄纪念碑的样品,如今被用在了她的墓上。吴良镛书写了碑铭"建筑师林徽因之墓",此外,再无赘言。

林徽因去世之后,梁思成称自己的世界"万籁无声,孤灯独照",他用一个精美的本子摘抄爱妻留下的诗篇,一笔一画,工工整整。很多诗作,在林徽因生前甚至没有发表过。看着那熟悉的字迹,熟悉的话语,梁思成总会想起那句"赌书消得泼茶香,当时只道是寻常",泪水常常不自觉地打湿眼眶。

可我还记得

> 如果心头再旋转着熟识旧时的芳菲，模糊如条小径越过无数道篱笆，纷纭的花叶枝条，草看弄得人昏迷，今日的脚步，再不甘重踏上前时的泥沙。

即使有一天，所有人都遗忘了这世上曾有一个你，至少，还有我，一直都记得。写下这样深情的一段话，想起了金岳霖，这个痴情的、"择林而居"的、终身未娶的男人。

虽然金岳霖终身未娶，但是他也有位同居多年的女友，这个来自异国的白人女子与金岳霖同居多年，虽然没有子女，但也只是差了一纸婚书而已。她回国之后，金岳霖便一直做着自己自得其乐的黄金单身汉。他执着地陪伴在林徽因的身边，在林徽因憔悴的时候给予了她最好的温暖。他恪守着朋友的原则和底线，像家人一样给予林徽因一份幽默的慰藉。

歌手刘若英有一首歌叫《我们没有在一起》——

我们没有在一起，至少还像情侣一样
我痛得，疯得，伤得在你面前哭得最惨
我知道你也不能带我回到那个地方

你说你现在很好，而且喜欢回忆很长

我们没有在一起，至少还像家人一样

总是远远关心，远远分享

那条路走呀走呀走呀总要回家

两只手握着晃呀晃呀舍不得放

你不知道吧！后来后来我都在想跟你走吧，管他去哪呢？

在伤感之余，我们也庆幸，他们没有在一起，至少还能像家人一样，远远地关心和分享。

林徽因在世的时候，金岳霖的确终身未娶，只是像朋友、像家人一样陪在离林徽因不远不近的地方。在林徽因去世之后，金岳霖曾经和浦熙修谈婚论嫁，浦熙修是文汇报驻京的记者，是彭德怀的表妹。她是一个特立独行的女子，后来她被划为右派分子，不久之后因病去世，这段情事也就不了了之。

也许林徽因真的爱上两个人，也许只是后人的杜撰而已，但无论如何，在爱情里，从来没有先来后到，有的只是个人的选择而已。坚守住婚姻的责任、守住自己的本心，才能赢得别人的尊重与信任。君子坦荡荡，不可否认的是，这里的两个人都是磊落的君子，所以，他们值得尊重与祝福。

金岳霖是幸运的，尽管他"激进到连婚姻都不肯相信"（梁思顺语），可是他遇见了林徽因，正如诗人徐志摩说的，他这一生可以为了另一个人，忘记自己，只愿在自己最好的年华里，陪伴她，不求任何回

即使有一天，所有人都遗忘了你，至少还有我，一直都记得。

报。林徽因是幸运的,她有这样一个亲人般的朋友,给她坚实的温暖,还有梁思成这样一个爱到可以放手的丈夫。梁思成也是幸运的,他给了金岳霖与林徽因成全与尊重,换来了一个一生的好友,一份相濡以沫的爱情,一个风雨飘摇中依然温暖幸福的家。

当然,终身未娶是事实,只为了林徽因却有些夸张。但是,金岳霖用一生的友谊陪伴着林徽因,直到她死后,他也不能释怀。一旦提到林徽因,他仿佛是一个情窦初开的大男孩,即使满头白发,也会脸红害羞。林徽因写过一首《中夜钟声》:

中夜钟声

钟声

敛住又敲散

一街的荒凉

听——

那圆的一颗颗声响,

直沉下时间

静寂的

咽喉。

像哭泣,

像哀恸,

将这僵黑的

中夜

葬入

那永不见曙星的

空洞——

轻——重,……

——重——轻……

这摇曳的一声声,

又凭谁的主意

把那余剩的忧惶

随着风冷——

纷纷

掷给还不成梦的

人。

  那年的林徽因和金岳霖初相识,新月的朦胧中,林徽因还是一个天真的诗人,一场中夜的钟声让她思绪万千,成了那个"不成梦的人"。林徽因没有想到,多年之后她离去了,金岳霖的难过,以及思念,让他每个夜晚都能听见"中夜钟声",都能被剩余的忧惶随着风冷纷至沓来,变成一个难以入梦的人。

  那一天是6月10日,天已经有些热了,金岳霖突然大宴好友,应邀的好友都十分纳闷,不是节日,不是婚寿,为何一向随和的金岳霖却如此郑重其事。等到宴会开始,金岳霖缓缓起身,轻轻地说:"今天,是徽因的生日!"依人已经作古,可金岳霖却还记得,那天,是林徽因的生日。生前的林徽因最爱热闹,此刻,他大宴好友,成全她的热闹。

林徽因生前留下了大量优秀的诗歌,那些日子,林徽因记得,那些诗歌,梁思成抄录过,那些情感,金岳霖都懂得。林徽因写过一首《除夕看花》:

除夕看花

新从嘈杂着异乡口调的花市上买来,
碧桃雪白的长枝,同红血般的山茶花。
着自己小角隅再用精致鲜艳来结采,
不为着锐的伤感,仅是钝的还有剩余下!

明知道房里的静定,像弄错了季节,
气氛中故乡失得更远些,时间倒着悬挂;
过年也不像过年,看出灯笼在燃烧着点点血,
帘垂花下已记不起旧时热情、旧日的话。

如果心头再旋转着熟识旧时的芳菲,
模糊如条小径越过无数道篱笆,
纷纭的花叶枝条,草看弄得人昏迷,
今日的脚步,再不甘重踏上前时的泥沙。

> 月色已冻住，指着各处山头，河水更零乱，
> 关心的是马蹄平原上辛苦，无响在刻画，
> 除夕的花已不是花，仅一句言语梗在这里，
> 抖战着千万人的忧患，每个心头上牵挂。

那一年的除夕，林徽因并没有和金岳霖一起度过，相信那千万人的忧患里，那每个人心头的牵挂中，林徽因会留一份给金岳霖。当然，金岳霖也担心着那时候与营造社一起漂流在外的林徽因。那些林徽因留下的只言片语，金岳霖都会记得、都能理解。

1983年，金岳霖已经年老，晚辈陈宇和他的老师一起去拜访他，拜访的过程总让人想起那句诗"人老多健忘，唯不忘相思"。在他们的谈论内容中，出现最多的还是林徽因。说起林徽因，金岳霖总是有说不完的话……

我们把一本用毛笔大楷抄录的林徽因诗集给他看，希望从他的回忆里，得到一点诠释的启迪。他轻轻地翻着，回忆道："林徽因啊，这个人很特别，我常常不知道她在想什么。好多次她在急，好像做诗她没做出来。有句诗叫什么，哦，好像叫'黄水塘的白鸭'，大概后来诗没做成……"慢慢地，他翻到了另一页，忽然高喊起来："哎呀，八月的忧愁！"我吃了一惊，怀疑那高八度的惊叹声，竟是从那衰弱的躯体里发出的。只听他接着念下去："哎呀，'黄水塘里游着白鸭，高粱梗油青的刚过了头……'"

他居然一句一句把诗读下来去。末了,他扬起头,欣慰地说:"她终于写成了,她终于写成了!"林徽因这首《八月的忧愁》是优美的田园诗,发表于1936年,构思当是更早。事隔已半个世纪,金岳霖怎么对第一句记得这么牢?定是他时时关注着林徽因的创作,林徽因酝酿中反复吟咏这第一句,被他熟记心间。

这时候的金岳霖已经88岁高龄,提起当时的林徽因,提起林徽因的诗,他甚至还能记得那些细枝末节,记得她诗中的那些句子,记着她尚未完成的作品。当看到那些句子已经变成动人的诗歌时,他兴奋得像个孩子。

回想起往事,他依旧历历在目,即使他已经年老、他开始变得健忘,但是关于林徽因的一切,他却记得那样清楚。他记得那年,他和林徽因的相识,记得那年疯狂追求林徽因的徐志摩,他甚至开玩笑地评价徐志摩"油滑",说他对林徽因的追求是"不自量力"。他一直是一个理智的哲学家,他自然知道林徽因与梁思成之间"青梅竹马"的情谊。可是,情感就是这样的不讲道理,不需要理智来干涉,他还是不由自主地被林徽因吸引。只是,"求之不得"的他选择了退回到好朋友的位置,做林家"后来的成员"、做梁思成与林徽因吵架时公正的仲裁、做孩子们慈爱的"金爸"、做林徽因没有血缘的亲人。

林徽因去世之后,他与林徽因和梁思成之子梁从诫住在一起,在陈宇的记录中,他曾反复问保姆"从诫怎么还没回来?"俨然一位慈爱的父亲,当然,梁从诫也尊称他为"金爸",视他如父。他用一生守护林徽因,守护她的家庭、婚姻、子女和幸福。她的幸福就是他的幸福,她的安好,便是他的安好。她离开了这世界,她的牵挂就是他的牵挂。金岳霖一生未娶,林徽因的孩子就是他最亲爱的孩子。

当陈宇拿出林徽因年轻时的照片,耄耋之年的老人激动不已,大概是没有见过这张照片,又好像怕影中人离开,他紧紧握着照片,像个孩子般索要这张照片。可是照片是从上海林徽因表妹处借用的,还要归还。于是,陈宇承诺老人,等到翻拍了一定送给他一张。老人听了,好似生怕他们反悔一样,拱起手来,提前致谢。只是一张照片,老人却视若珍宝,只是因为影像中人,是林徽因。

多年之后,"林徽因热"悄然兴起,林徽因的研究者便找到金岳霖,让他谈谈与他相知的林徽因,没想到金岳霖却拒绝了,他说:"我所有的话,都应该同她说,我不能(和你们)说。我没有机会同她自己说的话,我不愿意说,也不愿意有这种话!"说完之后,他便闭眼、垂头、沉默。

金岳霖在自己的后半生"择林而居",他一直守在离林徽因不远不近的地方,即使他知道,林徽因永远不会为他转身,他也无怨无悔。

也许是天意吧,因为在设计国徽和人民英雄纪念碑加上后来保护景泰蓝工作中的突出贡献,林徽因被安葬在了八宝山公墓。梁思成在"文革"中含冤而去,"文革"平反之后,他的骨灰被安放在了党和国家领导人专用的骨灰堂,与妻子林徽因一步之遥。最后去世的金岳霖,也被安葬在了八宝山公墓,他们三个人在另一个世界,又比邻而居了。金岳霖那些只想对林徽因说的话,在另一个世界里,应该又有机会,向林徽因诉说了吧!

你是人间
· 四月天 ·

林徽因
生平年表

林徽因的祖父是林孝恂，进士出身，历官浙江金华、孝丰等地。父亲林长民毕业于日本早稻田大学，擅诗文，工书法，曾任北洋政府司法总长等职；叔叔林觉民。

幼年时期

1904年6月，出生于浙江杭州，随祖父母居住；8岁，移居上海，入虹口爱国小学学习。

求学经历

1909年5岁，迁居蔡官巷一宅院，林徽因随祖父母、姑母等居此，由大姑母林泽民发蒙读书。

1912年8岁，由杭州移居上海，住虹口区金益里，徽因与表姐妹们入附近爱国小学，读二年级，并侍奉祖父。

1916年12岁，林徽因与表姐妹们同入英国教会开办的培华女子中学读书。

1920年16岁，林长民赴英讲学，林徽因亦随父去读中学。7月，林徽因随父到巴黎、日内瓦、罗马、法兰克福、柏林等地旅行，9月回伦敦，以优异成绩考入圣玛莉学院(St.Mary's College)。10月上旬，与在伦敦经济学院上学的徐志摩初次相遇。

1921年17岁，林徽因返回上海，仍进培华女中读书。

1922年18岁，在培华女中读书。3月，徐志摩赴柏林，经金岳霖、吴经熊作证，与张幼仪离婚。春，林徽因、梁思成婚事"已有成言"，但未定聘。9月，徐志摩乘船回国，10月15日抵达上海，不久北上来京，林、徐暂告不欢。二娘程桂林生弟垣。

1923年19岁，林徽因毕业于培华女中，并考取半官费留学。

1924年20岁，林徽因、梁思成、梁思永同往美国留学，7月7日抵达绮色佳康奈尔大学。9月，结束康奈尔大学暑期课程，林、梁同往宾夕法尼亚大学就读。

1927年23岁，林徽因结束宾大学业，得学士学位，后转耶鲁大学戏剧学院，在G·P·贝克教授工作室学习舞台美术半年。12月18日，梁启超在北京为梁思成、林徽因的婚事"行文定礼"。

职业与情感经历

1928年24岁，结束留美学业。3月21日，林徽因与梁思成在加拿大温哥华姐姐家结婚。之后按照其父梁启超的安排，赴欧洲参观古建筑，于8月18日回京。9月，梁思成、林徽因受聘于东北大学建筑系，分别为主任、教授。

1929年25岁，梁启超病故，梁思成、林徽因为其父设计墓碑。8月，林徽因从东北回到北平，在协和医院生下其女儿，取名再冰。张学良以奖金征东北大学校徽图案，林徽因设计的"白山黑水"图案被选中。

1930年26岁，徐志摩到沈阳，劝林徽因回北平治病。12月，林徽因肺病日趋严重，协和医院大夫建议到山上静养。

1931年27岁，林徽因到香山双清别墅养病。先后发表诗《那一晚》《谁爱这不息的变幻》《仍然》《激昂》《一首桃花》《山中一个夏夜》《笑》《深夜里听到乐声》《情愿》及短篇小说《窘》。9月，梁思成、林徽因应朱启钤聘请，离开东大，到中国营造学社供职。梁任法式部主任，林为"校理"。秋，林徽因病愈下山。11月19日，林徽因在协和小礼堂为驻华使节讲中国古代建筑。

1932年28岁，分别两次致信胡适。6月中旬，林徽因再次到香山养病。夏，林徽因、梁思成去卧佛寺、八大处等地考察古建筑，并发表《平郊建筑杂录》。7月至10月，作诗《莲灯》《别丢掉》《雨后天》。8月，子从诫生。意为纪念宋代建筑学家李诫。在一次聚餐时林徽因结识美籍学人费正清、费慰梅夫妇。

1933年29岁，林徽因参加朱光潜、梁宗岱举办的文化沙龙，每月集会一次，朗诵中外诗歌和散文。秋，林徽因与闻一多、余上沅、杨振声、叶公超等筹备并创办了《学文》月刊。9月，林徽因同梁思成、刘敦桢、莫宗江去山西大同考察云冈石窟。10月7日，发表散文《闲谈关于古代建筑的一点消息》。11月，林徽因同梁思成、莫宗江去河北正定考察古建筑。11月18日，发表诗《秋天，这秋天》。同月，林徽因请萧乾、沈从文到北总布胡同谈《蚕》的创作。12月，作诗《忆》。

1934年30岁，中国营造学社出版梁思成的《清式营造则例》一书，林徽因为该书写了"绪论"。2月、5月，发表诗《年关》《你是人间四月天》，小说《九十九度中》。年初，为叶公超主编的《学文》月刊一卷二期设计了富有建筑美的封面。夏，林徽因、梁思成同费正清夫妇、汉莫去山西汾阳、洪洞等地考察古建筑。9月5日，发表散文《窗子以外》。10月，林徽因、梁思成应浙江建设厅邀请，林为"校理"。

1935年31岁，林徽因与梁思成合著《晋汾古建筑预查纪略》一文。6月，发表诗《吊玮德》，短篇小说《模影零篇：一、钟绿，二、吉公》。

10月，作诗《灵感》《城楼上》。11月19日，发表散文《纪念志摩去世四周年》。冬，林徽因经常与费氏夫妇到郊外练习骑马。

1936年32岁，发表诗《深笑》《静院》《风筝》《记忆》《无题》《题剔空菩提叶》《黄昏过泰山》《昼梦》《八月的忧愁》《冥思》《空想外四章：你来了、"九一八"闲走、藤花前、旅途中》《过杨柳》《静坐》；散文《蛛丝和梅花》《究竟怎么一回事》；短篇小说《模影零篇：三、文珍》。5月28日，林徽因、梁思成等去河南洛阳龙门石窟、开封及山东历城、泰安、济宁等处做古建筑考察。9月，担任《大公报》文艺作品征文评委。10月，在《平津文化界对时局的宣言》中，向国民党当局提出抗日救亡八项要求，林徽因为文艺界发起人之一，并在宣言上签名。

1937年33岁，发表诗《红叶里的信念》《十月独行》《时间》《古城春景》《前后》《去春》；话剧《梅真同他们》；短篇小说《模影零篇：四、绣绣》。任朱光潜主编的《文学杂志》编委。林徽因、梁思成应顾祝同邀请，到西安做小雁塔的维修计划，同时还到西安、长安、临潼、户县等处作古建筑考察。7月，林徽因同梁思成、莫宗江、纪玉堂赴五台山考察古建筑，林徽因意外地发现榆次宋代的雨花宫及唐代佛光寺的建筑年代。7月12日，林徽因一行到代县，得知发生"卢沟桥事变"，于是匆匆返回北平。8月，林徽因一家从天津乘船去烟台，又从济南乘火车经徐州、郑州、武汉南下，9月中旬抵长沙。11月下旬，日机轰炸长沙，林徽因一家险些丧生。不久，他们离开长沙，经常德、晃县、贵阳、镇宁、普安、曲靖到昆明。

1938年34岁，林徽因一家住昆明翠湖前市长巡律街住宅，不久，莫宗江、陈明达、刘志平、刘敦桢也到昆明，经与中美庚款基金会联系，组建营造学社西南小分队。作诗《昆明即景：一、茶铺，二、小楼》。

1939年35岁，因日机轰炸，林徽因一家搬至郊区龙泉镇麦地村。2月5日，发表散文《彼此》。6月28日，发表诗《除夕看花》。冬，梁思成、刘敦桢等去云南、四川、陕西、西康等地做古建筑考察，林徽因为云南大学设计女生宿舍。

1940年36岁，营造学社随史语所入川，林徽因一家亦迁往四川南溪县李庄镇上坝村。不久，林徽因肺病复发，从此抱病卧床四年。

1942年38岁，作诗《一天》。梁思成接受国立编译馆委托，编写《中国建筑史》，林徽因为写作《中国建筑史》抱病阅读《二十四史》，做资料准备。她写了该书的第七章，五代、宋、辽、金部分，并承担了全部书稿的校阅和补充工作。11月4日，费正清、陶孟和从重庆溯江而上，去李庄拜访林徽因、梁思成。

1944年40岁，作诗《十一月的小村》《忧郁》《哭三弟恒》。费慰梅到李庄访问林徽因。

1946年42岁，林徽因在费慰梅陪同下乘飞机去昆明拜会西南联大校长梅贻琦，建议清华大学增设建筑系，住唐继尧后山祖居一座花园别墅，与张奚若、钱端升、金岳霖等旧友重聚。7月31日，同西南联大教工由重庆乘机返回北平。为清华大学设计胜因院教师住宅。10月，梁思成应聘赴美耶鲁大学做访问教授。11月24日，发表散文《一片阳光》。作诗《对残枝》《对北门街园子》。

1947年43岁，饱经欧战浸染的萧乾，由上海来清华园探望林徽因，二人长谈七年来各自的经历。作诗《给秋天》《人生》《展缓》《病中杂诗·小诗（一）、小诗（二）、写给我的大姊、恶劣的心绪》。12月，做肾切除手术。

1948年44岁， 作诗《我们的雄鸡》。2至5月，发表诗《空虚的薄暮》《昆明即景》《年青的歌》《病中杂诗九首》《哭三弟恒》。

1949年45岁， 林徽因被聘为清华大学建筑系一级教授。2月，为百万大军挥师南下，与梁思成等编印《全国重要文物建筑简目》。7月，政协筹委会决定把国徽设计任务交给清华大学和中央美院。清华大学由林徽因、李宗津、莫宗江、朱畅中等七人参加设计工作。

1950年46岁， 清华小组设计图案以布局严谨、构图庄重而中选。9月30日，中央人民政府主席毛泽东发布国徽图案命令。林徽因被任命为北京市都市计划委员会委员兼工程师，提出修建"城墙公园"设想。

1951年47岁， 为挽救濒于停业的景泰蓝传统工艺，抱病与高庄、莫宗江、常莎娜、钱美华、孙君莲深入工厂做调查研究，并设计了一批具有民族风格的新颖图案，为"亚洲及太平洋区域和平会议""苏联文化代表团"献上一批礼品，深受与会人员欢迎。

1952年48岁， 梁思成、刘开渠主持设计人民英雄纪念碑，林徽因被任命为人民英雄纪念碑建筑委员会委员，抱病参加设计工作。5月，为迎接即将到来的建设高潮，林徽因、梁思成翻译了《苏联卫国战争被毁地区之重建》一书。应《新观察》杂志之约，撰写了《中山堂》《北海公园》《天坛》《颐和园》《雍和宫》《故宫》等一组介绍中国古建筑的文章。

1953年49岁， 当选为建筑学会理事；并任《建筑学报》编委。

1954年50岁， 林徽因当选为北京市人民代表大会代表。秋，林徽因不抵郊外风寒，由清华园搬到城里去住。不久，因病情恶化住同仁医院。

1955年51岁， 逝世。

林徽因诗传　你是人间四月天

选题策划：上品图书
文字编辑：王松慧
封面设计：蒋碧君
美术编辑：刘晓东
图片提供：视觉中国